BIOGRAPHIE

DU

GÉNÉRAL DECAEN,

PAR

M. L. E. GAUTIER,

PROFESSEUR DE BELLES-LETTRES.

1850.

CAEN, | PARIS,
Chez **A. HARDEL**, Imprimeur, | Chez **DERACHE**, Libraire,
Rue Froide, 2. | Rue du Bouloy, 7.

BIOGRAPHIE
DU GÉNÉRAL DECAEN;

Par M. L. E. Gautier (*).

> Le général n'est accompli qu'autant qu'il renferme en lui l'homme de bien et l'homme sage.

La contrée qu'avaient illustrée, aux jours du moyen-âge, les héroïques exploits de ses guerriers; qui avait rempli l'Europe et l'Asie du bruit de ses armes; qui avait fondé des dynasties, conquis ou renversé des trônes dans l'Occident encore barbare; cette contrée ne devait point démentir, dans les temps modernes, son antique renommée. Si, dans les siècles précédents, elle avait pu s'enorgueillir des noms des Guillaume, des Tancrède, des Robert, des Guiscard, des Roger, elle peut citer avec honneur, dans l'époque actuelle, les Valhubert, les Levasseur, les Lorges, et surtout l'intègre et brave Decaen.

La réputation des vieux paladins, en traversant les ténèbres de l'ignorance pour arriver jusqu'à nous, a pu emprunter, de l'éloignement des âges, une partie de l'éclat dont elle brille; mais la gloire d'un contem-

---

(*) Cet ouvrage a obtenu une mention très-honorable dans le concours ouvert par l'Académie des sciences, arts et belles-lettres de Caen, sur la proposition de son vénérable doyen, M. Lair.

porain nous apparaît dépouillée de ce prestige. Il faut qu'elle offre, aux appréciateurs du solide et vrai mérite, de justes motifs d'estime et d'admiration. Tels sont les titres avec lesquels se présente à la postérité le guerrier aussi vaillant que modeste, l'administrateur aussi habile que désintéressé, dont nous allons retracer la vie glorieuse.

Charles-Mathieu-Isidore Decaen naquit à Caen (1), le 13 avril 1769 (*), d'une famille honorable, mais peu favorisée de la fortune. Son père, qui occupait un modeste emploi au bailliage de cette ville, le fit étudier dans un des collèges de cette célèbre Université de Caen, d'où sortirent tant d'hommes de mérite. Mais la mort vint bientôt priver le jeune Charles de ces soins éclairés, de cette sollicitude paternelle, que rien ne peut remplacer (1769).

Orphelin dès l'âge de douze ans, il eut le bonheur de rencontrer un tuteur consciencieux et dévoué, dans M. Julienne-Ducoudray, le confrère et le parent du père qu'il venait de perdre. Grâce à la protection de cet ami, il put continuer les études qu'il avait commencées, et travailla ensuite dans le cabinet de M. Lasseret, avocat en grand renom; plus tard, il reconnut les bontés de cet homme, qui fut son guide et son bienfaiteur, en obtenant pour lui, du premier Consul, une place de conseiller à la Cour d'appel de Caen. Nous signalons d'autant plus volontiers ce fait, qui décèle un noble sentiment, que, hors

---

(*) Année mémorable par la naissance d'une foule de grands hommes.

les cas où il s'agissait de faire rendre justice à ses subordonnés, Decaen ne se déterminait pas aisément à prendre le rôle de solliciteur (1769 à 1787).

Les premières années de la jeunesse de Decaen furent une lutte entre sa propre inclination et les intentions de sa famille : en suivant les écoles de droit, il obéissait à l'impulsion qu'il recevait de ses amis, plutôt qu'à son penchant naturel. Ses goûts secrets l'entraînaient vers une profession qui s'offrait à lui entourée d'un éclat bien propre à séduire un cœur épris de l'amour de la gloire. Sa jeune imagination s'échauffait au récit des exploits récents de nos officiers et de nos marins dans les deux mondes. Aussi profita-t-il de sa liberté pour contracter, à l'âge de 18 ans, un engagement volontaire, dans le corps royal des canonniers matelots de la division de Brest (2). Puis, cédant au vœu de sa famille, il quitta le service et rentra dans ses foyers, où il reprit ses études de droit. Ce ne devait pas être pour long-temps (1787-1790).

Alors commençait en France cette étrange et terrible révolution, qui, en ruinant jusque dans ses bases l'antique édifice d'une monarchie de treize siècles, allait ouvrir une carrière immense à l'exercice des talents supérieurs, à l'activité des âmes énergiques. L'insultant manifeste du duc de Brunswick vint bientôt faire surgir, du sol français, d'innombrables défenseurs.

Dans cet élan du patriotisme, où l'on vit des pères de famille se séparer, par un sublime effort, des plus chers objets de leur affection, pour voler à la défense de la patrie, un homme du caractère de Decaen ne devait-il pas se rendre des premiers à l'appel de l'honneur? Il fut élu, par ses concitoyens, sergent-major à la deuxième compagnie de canonniers du quatrième de ces intrépides bataillons de volontaires, que le Calvados envoya contre l'étranger (1792, septembre).

Ainsi Decaen débutait au service dans l'arme de son choix. Animé de la noble ambition de conquérir l'estime de ses chefs et l'affection de ses compagnons d'armes, ce fut par un zèle à toute épreuve, par une conduite irréprochable, qu'il marqua ses premiers pas dans la carrière où il devait s'illustrer. Quelques mois à peine s'étaient écoulés depuis son départ, et déjà il était adjudant sous-officier dans l'armée du Rhin, où la bravoure et l'intelligence qu'il déployait en toute rencontre, préparaient son avancement et ses succès à venir (1793, janvier).

Il servait sous Kléber, dont il s'était fait connaître par son aptitude et son courage, lorsque les événements de la campagne de 1793 forcèrent ce général, déjà célèbre, à se renfermer dans Mayence. Pour défendre cette place contre les forces imposantes qui l'investirent, une faible division jetée, pour ainsi dire, au milieu de ces remparts d'un autre siècle, semblait insuffisante. Mais les assiégés étaient des hommes remplis d'un patriotique enthousiasme, et avaient pour chefs des guerriers au cœur héroïque, qui renouvelèrent ces prodiges d'activité, de patience et de valeur, opérés jadis à Metz, par François de Guise; à Mézières, par Bayard.

Généreux, mais vains efforts! Après quatre mois de fatigues inouïes, de cruelles privations et d'une résistance qui valut à ses intrépides défenseurs le glorieux surnom de Mayençais, la place dut céder à un ennemi trop supérieur.

Durant ce siége mémorable, où nos soldats montrèrent toute l'énergie et la bravoure dont ils sont capables, Decaen se signala entre tous, et fut élevé successivement aux grades de sous-lieutenant et de capitaine ; puis appelé, comme aide-de-camp, parmi ces braves officiers, qui partagèrent avec Kléber les dangers et l'honneur de cette belle défense, et au sujet desquels ce général écrivait : « Mes adjoints (*) ont vécu sous des voûtes de feu : chaque jour de siége devrait leur être compté comme une campagne (1793). »

A cette époque, a dit une voix éloquente, tout l'honneur de la France s'était refugié dans les camps, et les merveilleux exploits de soldats, manquant souvent de pain et de vêtements, voilaient aux yeux de l'étranger les scènes d'horreur que de hideux bourreaux étalaient dans nos cités muettes d'épouvante.

Mais ce n'était pas seulement contre l'étranger que nos pères avaient alors à lutter : égarés par les passions politiques, les Français déchiraient de leurs propres mains le sein de la patrie.

Ce fut dans la Vendée, ce sanglant théâtre des fureurs de la guerre civile, que le jeune Decaen dut aller, avec les braves de Mayence, développer ses talents militaires. Combien, hélas ! n'eut-il pas à gémir de la terrible nécessité où le plaçaient les événements ! lui surtout à qui, dans une longue et active carrière, on ne put jamais reprocher un acte d'inutile rigueur. Mais si la

---

(*) Aides-de-camp.

guerre, la cruelle guerre a ses lois sévères, inflexibles, au moins sommes-nous heureux de dire que la conduite de Decaen fut toujours humaine et honorable, en même temps que ses loyaux services lui donnaient droit à de nouvelles distinctions.

Hâtons-nous de passer sur ces luttes déplorables de citoyens contre citoyens : la gloire même a un bien triste côté, quand elle s'acquiert au prix d'un sang précieux à la patrie. Contentons-nous d'indiquer les rencontres où Decaen eut occasion de signaler son intelligence et sa valeur.

Après avoir passé une année, comme officier d'état-major, auprès des généraux Canclaux, Dubayet, Marceau et Kléber, il était devenu l'ami de ce dernier, qui le nomma chef de bataillon provisoire; et ce grade lui fut bientôt confirmé. Tout rempli de cet amour de la gloire qui caractérise les âmes guerrières, il se maintint constamment, sous les généraux Blosse et Marigny, aux postes d'avant-garde; là où il y avait plus de dangers à courir, plus de fatigues à endurer, mais aussi plus de lauriers à cueillir (1793, novembre).

Dans une de ces expéditions hasardeuses, sur la rive droite de la Loire, Marigny tomba au milieu d'un nombreux parti de cavaliers soutenus par de l'artillerie. Surpris, mais non déconcerté, le général n'hésite pas à prendre l'offensive ; mais il est tué au premier coup de canon, et son corps reste au pouvoir des Vendéens, dont la première impétuosité était irrésistible. Ce malheur répand le trouble et le découragement parmi les soldats républicains ; déjà ils commencent à lâcher pied, lorsque Decaen, leur communiquant son ardeur, les ramène au combat, repousse les royalistes, et enlève le corps de son général.

Il se distingue ensuite à Port-St.-Père (*), contre l'intrépide Charrette; à Torfou (**), où l'avant-garde des Mayençais se trouva presque seule aux prises avec une grande partie des forces vendéennes; à Montaigu (***), ville infortunée, que l'acharnement des deux partis se disputa tour à tour; enfin, à cette sanglante bataille du Mans, où les royalistes, commandés par l'héroïque La Rochejacquelein, l'Achille de la Vendée, après avoir soutenu, toute une journée, les attaques des soldats, non moins braves, que commandaient Westermann et Marceau, succombèrent pendant les ténèbres d'une nuit de carnage et d'horreur.

Au combat de St.-Michel (****), où il commandait en personne, Decaen se fit le plus grand honneur : là, il attaqua résolument et mit en fuite un parti deux fois plus fort que le sien. Ce brillant fait d'armes lui valut le grade d'adjudant-général chef de brigade.

Les armées vendéennes qui avaient passé la Loire, étaient détruites ; mais la résistance à la sanglante tyrannie de la Convention était loin d'être anéantie dans ces malheureuses contrées. La division Kléber dut

(*) Port-St.-Père (Loire-Inférieure), au sud-ouest de Nantes.
(**) Torfou, village de Maine-et-Loire, à 20 kilomètres sud-sud-ouest de Beaupréau.
(***) Montaigu, au nord du département de la Vendée.
(****) St.-Michel, village d'Indre-et-Loire, sur la Loire, à 16 kilomètres nord-est de Chinon.

rester en Bretagne, pour y poursuivre les bandes de la *Chouannerie* : ennemis d'espèce nouvelle, et non moins difficiles à réduire que les Vendéens. Pour en délivrer le pays, Kléber le divisa en arrondissements militaires, dont il confia la surveillance à des officiers d'une habileté et d'une valeur éprouvées. Decaen eut d'abord à contenir dans le devoir l'arrondissement de La Guerche (*). Mais bientôt Kléber lui écrivait, de son quartier-général de Vitré : « Je viens d'organiser l'arrondissement de La Gravelle (**); c'est le plus dangereux : il sera plus digne de ton courage. » Dans ce commandement difficile, aussi bien que dans celui, plus important, du district de Vitré, qu'il prit peu de temps après, Decaen justifia, par sa prudence et son activité, la confiance de son général (1794).

Telle était, dès-lors, sa réputation de bravoure et d'habileté, que le commandant en chef des armées de l'Ouest, celui-là même qui mérita le beau titre de pacificateur de la Vendée, Hoche, employa les plus vives instances, les promesses les plus flatteuses pour le retenir sous ses ordres. Mais il en coûtait trop à Decaen de n'avoir à exercer sa valeur que contre des Français. Comment son âme, si pleine de droiture et de générosité, n'aurait-elle pas éprouvé ces regrets qui navrent le cœur d'un bon citoyen, quand il faut sévir contre des compatriotes ? Aussi sollicita-t-il comme une grâce d'être employé de nouveau contre l'étranger. Il obtint

---

(*) La Guerche, village d'Indre-et-Loire, à 8 kilomètres de La Haie.

(**) La Gravelle, bourg de la Mayenne, à 8 kilomètres ouest de Laval.

cette faveur, et quitta les tristes cantons désolés par la guerre civile, pour revenir, sous Kléber, à l'armée de Rhin-et-Moselle (1795).

« Pars mon cher Decaen, va à un poste honorable, et sers bien ta patrie..... » C'était en ces termes que Hoche, qui le regrettait, lui adressait ses adieux (3).

Là, du moins, Decaen put donner l'essor à son ardeur guerrière, sans redouter cette sorte de remords, qui jadis enchaînait le courage du plus illustre des guerriers de Thèbes, alors même qu'il s'agissait d'affranchir sa patrie d'une odieuse servitude. Là, Decaen montra tout ce qu'on pouvait attendre de sa bravoure et de ses talents.

On sait qu'à cette époque de trouble et de confusion, où les divers pouvoirs de l'Etat empiétaient audacieusement les uns sur les autres, des membres de la Convention se rendaient souvent aux armées, et allaient jusqu'à s'immiscer dans les opérations militaires. En une de ces circonstances, les représentants Rewbell et Merlin de Thionville confièrent à Decaen la direction d'une reconnaissance sur les frontières du canton de Bâle. Ce fut au succès qui couronna cette mission difficile, qu'il dut sa confirmation dans le grade d'adjudant-général chef de brigade.

Decaen aurait pu répéter sans jactance le mot de Louis XII : « Que ceux qui ont peur, se mettent derrière moi ! » car il combattait toujours aux premiers rangs, oubliant le danger, ne songeant qu'à la gloire. On le vit, lors de l'attaque de Frankental (*),

---

(*) Frankental, Bavière-Rhénane.

par les divisions Beaupuy et Desaix; forcer, malgré la plus opiniâtre résistance, la porte du Canal; pénétrer jusqu'au cœur de la place, comme autrefois Robert d'Artois dans Mansourah, sans trop s'inquiéter s'il était suivi et soutenu; mais cet acte de courage téméraire faillit lui coûter la vie : dans l'impossibilité de se retirer, il fut forcé de se rendre aux nombreux ennemis qui le pressaient de toutes parts. Ce contre-temps mit fin à ses travaux dans la campagne de 1795. Bientôt, cependant, renvoyé sur parole, puis échangé (*), il put prendre part aux glorieux débuts de celle de 1796.

Elle s'ouvrit, pour l'armée du Rhin, par une de ces tentatives audacieuses qui, dans les siècles précédents, auraient échauffé la verve des poètes et suggéré de pompeux éloges aux orateurs, mais qui sont à peine comptées, parmi les innombrables et prodigieux exploits dont nos guerriers devaient étonner le monde.

Les Français vont reporter le théâtre de la guerre chez l'étranger, et notre armée doit s'établir sur la rive droite du Rhin. A qui le général en chef Moreau commettra-t-il le soin de préparer cette importante opération? A Decaen, secondé par les adjudants-généraux Bellavesne et Abbatucci. Les bords du fleuve sont hérissés de batteries formidables, qu'il faut enlever, sans pouvoir répondre à leurs feux. Decaen, qui a conduit les reconnaissances et fait les dispositions nécessaires à ce coup hardi, dirige encore l'une des

---

(*) Decaen fut échangé contre le baron de Brabeck, colonel autrichien, fait prisonnier en Italie.

principales attaques : il traverse le fleuve dans une frêle embarcation, sous la mitraille que vomit l'artillerie des ennemis. Il atteint, lui seizième, le rivage allemand, se précipite sur les canonniers autrichiens, les met en fuite, et s'empare de leurs pièces, qu'il tourne sur-le-champ contre eux (1796-24 juin).

L'officier qui comptait pour si peu sa propre existence, quand il fallait accomplir les ordres de ses chefs, ou animer ses compagnons d'armes à des actions d'éclat, aura-t-il cette cruelle indifférence, trop souvent reprochée aux hommes de guerre, et qui leur fait prodiguer la vie de leurs semblables dans un intérêt de vanité frivole ou de coupable ambition? Loin de là : dans cette poitrine qui semble d'airain pour affronter les dangers, bat un cœur animé d'une sensibilité aussi active que dévouée.

Une occasion se présenta bientôt, où se manifestèrent les généreux sentiments d'humanité qui remplissaient son âme. C'était le lendemain de ce passage du Rhin, auquel il avait si brillamment concouru ; il s'avançait sur le territoire allemand, à la tête de la division Beaupuy, dont il commanda l'avant-garde tant que les Français continuèrent leur mouvement d'agression. Il faisait, de concert avec Beaupuy et Desaix, une reconnaissance de la Kinsick (*): un grenadier tombe dans cette rivière, et va périr emporté par le courant ; mais Decaen l'a vu luttant contre la mort ; il s'élance, au péril de sa propre vie, à la poursuite de l'infortuné, qu'il a le bonheur de ramener sur

(*) Affluent du Rhin sur la rive droite, duché de Bade.

la rive. Ainsi le capitaine qui montrait à la tête de nos colonnes l'intrépidité d'un Bayard, veillait sur le simple soldat avec la paternelle sollicitude d'un Turenne (*). Suivons-le dans cette marche semée de périls et de gloire, à travers les états allemands, et voyons quelle part il peut revendiquer dans les nombreux succès de cette belle campagne (1796).

Vainement les Autrichiens, qui n'avaient pu empêcher les Français de passer le Rhin à Kehl, tentèrent d'arrêter leur marche sur l'intérieur de l'Allemagne. Quinze mille des leurs occupaient, à Bihel, une position formidable, appuyée à des montagnes, et couverte par la Kinsick. Un plan d'attaque, savamment combiné, devait mettre leur camp au pouvoir des nôtres, et couper la retraite aux ennemis. Decaen se portait à eux, lorsqu'il rencontra, en avant d'Appenwhir (**), une nombreuse division de cavalerie. En un instant, ce corps est chargé, mis en déroute et chassé d'Appenwhir, laissant en nos mains plusieurs centaines de prisonniers. Tel fut l'effroi inspiré par l'audace des Français, que l'ennemi abandonna, la nuit suivante, un camp qu'il aurait pu long-temps défendre.

Nommé général provisoire à l'âge de 27 ans, Decaen trouva dans cette éminente distinction un nouvel encouragement à bien servir sa patrie.

Aussi le vit-on, quelques jours après, contribuer efficacement au gain de la bataille de Rastadt (***),

(*) Le grenadier appartenait à la 31e. demi-brigade; la belle action de Decaen fut l'objet d'un rapport au gouvernement.

(**) Bihel, Appenwhir, villages du duché de Bade.

(***) Rastadt, ville du même duché.

chasser l'aile gauche de l'ennemi d'une position vaillamment défendue, et repousser au-delà de la Murg (*) un corps d'élite de l'armée autrichienne, en lui faisant trois cents prisonniers.

Tant de succès lui avaient fait une glorieuse renommée de bravoure et de capacité, et ses derniers actes de courage lui valurent les félicitations du Directoire exécutif. « Vous avez bien mérité, lui écrivait Carnot, par le zèle et les talents que vous avez déployés au passage du Rhin, et dans les brillantes opérations qui l'ont suivi ; le Directoire vous en félicite, et compte sur les nouveaux services que vous allez rendre à la République. »

Ces nouvelles preuves de patriotisme, que l'on demandait à Decaen, ne se firent pas long-temps attendre ; les occasions de se distinguer étaient alors fréquentes, et il était du petit nombre de ceux qui savent les saisir.

On lui dut le succès de la bataille d'Ettlingen (**), où il montra un dévouement qui rappelle celui du tribun Calpurnius : trois fois, à la tête de sa brigade, il se porta sur un poste que l'ennemi défendit avec un courage désespéré ; trois fois il fut obligé de céder à des forces immensément supérieures ; à la dernière attaque, il engagea et soutint un combat acharné, qui durait encore à 10 heures du soir, et ne recula qu'accablé par le nombre, après avoir attiré sur sa colonne l'effort concentré de toute l'infanterie ennemie, et assuré par là le triomphe de nos armes (1796, 9 juillet).

(*) Affluent du Rhin dans le duché de Bade.
(**) Ettlingen, duché de Bade, au sud-ouest de Carlsruhe.

Mais une épreuve plus sanglante encore l'attendait aux champs de Néresheim (*). Là s'était enfin arrêté l'archiduc Charles, toujours battu et vivement poursuivi par l'armée de Rhin-et-Moselle : il espérait, grâce à un accroissement considérable de ses forces, y effacer la honte de ses précédentes défaites ; là s'engagea une lutte opiniâtre, terrible, où nos soldats firent voir tout ce qu'on peut attendre de leur constance et de leur intrépidité dans les occasions les plus difficiles. Decaen eut la gloire de mettre en déroute le corps qui lui était opposé, et de faire deux cents prisonniers en une rencontre tellement critique, que le seul avantage que pût espérer l'armée française, était de n'être pas forcée à la retraite : tant était grande la supériorité numérique de l'ennemi (11 août) !

Decaen se signala si glorieusement encore à l'affaire d'Ingolstadt (**), que le Directoire crut devoir lui adresser une nouvelle lettre de félicitations (4).

Cependant les plus braves armées, les plus habiles capitaines sont exposés à des revers. Défait quatre fois de suite par Moreau, l'archiduc Charles avait su, par une de ces tentatives hasardeuses qu'inspire le désespoir et que le succès justifie, prendre sa revanche sur Jourdan; et l'armée de Sambre-et-Meuse avait été repoussée jusqu'à notre frontière. Moreau, maître d'Ulm et arrivé aux portes de Munich, occupait une vaste étendue de pays, où il lui devenait impossible de se maintenir. Ce fut alors qu'il exécuta cette fameuse

(*) Néresheim, sur la frontière orientale du Wurtemberg, au nord-nord-est d'Ulm.

(**) Ingolstadt, au centre de la Bavière, rive gauche du Danube.

retraite, qui rappelle celle des Dix-Mille, et qui est restée l'un des plus beaux faits d'armes des temps modernes.

Quel sera le poste réservé à Decaen dans cette marche rétrograde de notre armée? Tous ses compagnons d'armes se plaisaient à reconnaître en lui cet enthousiasme énergique, qui entraîne les combattants aux plus périlleux assauts avec une irrésistible impétuosité. N'avait-il pas dès-lors sa place marquée dans cette mémorable retraite? Et si l'armée du Rhin put revenir du centre de la Bavière jusqu'à Freybourg, à travers une population ennemie et devant une armée formidable, sans se laisser une seule fois surprendre ni entamer, à qui d'entre ses chefs fut-elle plus redevable de cet avantage, qu'au brave et généreux Decaen? Ainsi cette valeur éprouvée, qui l'avait fait placer aux avant-postes, tant que nos soldats avaient poursuivi leur marche offensive, lui assignait dans cette retraite, qu'on pourrait appeler triomphante, un commandement d'arrière-garde, là où il y avait à engager une lutte de tous les jours contre des troupes aguerries, et dont un succès inespéré avait doublé le courage (1796).

Telle fut l'importance de ses services dans ces glorieuses journées, que deux fois encore le Directoire lui envoya des félicitations. Et si l'on considère les difficultés et les périls de cette entreprise, dont le résultat fut la conservation d'une grande armée, n'est-il pas permis de se demander : cette retraite tant vantée, et qui a immortalisé le nom de Moreau à l'égal de ses plus belles victoires, eût-elle été possible, sans la vigilante et courageuse coopération de Decaen?

Nous le voyons ensuite soutenir un siége dans Kehl avec Desaix ; se montrer, comme à Mayence, homme de tête et de main, animant les soldats par sa bravoure, soutenant leur patience par sa propre énergie; non content d'opposer à l'ennemi une résistance invincible, il parvient, par des sorties tentées avec autant de prudence que de bonheur, à remporter de brillants avantages (1797).

Une récompense bien honorable lui fut décernée, à la suite de tant de travaux et d'exploits : le Directoire, rendant hommage à sa belle conduite pendant et depuis la retraite, lui vota un sabre d'honneur, que Moreau lui remit, en y joignant le témoignage flatteur de son estime personnelle : « Recevez, lui disait-il, mes sincères félicitations pour une distinction aussi méritée (5). »

Cependant les prodiges de la première campagne de Bonaparte en Italie avaient amené la glorieuse paix de Campo-Formio, et désarmé les coalisés, à l'exception de l'Angleterre, qui se montra, dans toute occurrence, notre constante ennemie. Un projet d'expédition fut conçu contre cette dominatrice des mers. Une armée se forma, dont le commandement fut donné à Desaix, ayant sous ses ordres les meilleurs officiers de l'époque. Il écrivait à Decaen : « Je n'oublie pas les bons officiers, qui, comme vous, ont très-utilement et glorieusement servi. Je sais qu'on est trop heureux de les avoir près de soi. Ainsi.... vous êtes... de l'armée d'Angleterre ; mais je vous annonce en même temps que Kléber, qui est aussi des nôtres, fait tout pour vous avoir. » Ce peu de mots ne suffisent-ils pas pour faire voir en quel estime était Decaen auprès de nos premiers capitaines, et quel prix on attachait à sa coopération (6) ?

L'expédition projetée n'eut pas lieu ; mais, tandis que le jeune vainqueur de l'Italie allait ressusciter en Orient l'antique gloire du nom français, l'Angleterre, sous l'influence de Pitt, était parvenue, en prodiguant l'or et les intrigues, à former une nouvelle coalition. La paix de Campo-Formio avait à peine duré un an et demi, et nous voyons Decaen se signaler à l'armée du Danube, sous les ordres de Jourdan, où il commanda l'avant-garde de la division Souham (1798).

Il se couvrit de gloire à la sanglante bataille de Stokak (*) : là, par des manœuvres et des combats qui rappelaient ceux des journées de Rastadt et d'Ettlingen, il contribua au seul succès que nous pussions espérer. Trente-quatre mille hommes, suppléant au nombre par le courage, osaient en ataquer quatre-vingt mille, et parvinrent non-seulement à conserver leur champ de bataille, mais enlevèrent à l'ennemi ses positions, et lui firent éprouver une perte considérable (1799, 25 mars).

Cependant les Français, qui avaient pris l'offensive en Souabe, furent obligés de rétrograder : leur mouvement, mal combiné, ne put être soutenu. Malgré la valeur éclatante et l'incontestable talent dont Decaen avait donné de nouvelles preuves, on prétendit le rendre responsable des échecs éprouvés dans cette invasion, dont sa perspicacité lui avait fait prévoir la fâ-

---

(*) Stokak, au sud du duché de Bade, cercle du Lac.

cheuse issue ; car il s'était trouvé en désaccord avec le général en chef, tant sur le plan de campagne que sur les moyens de l'exécuter.

Il est dans la destinée des hommes éminents d'exciter l'envie : aussi n'est-il pas étonnant que d'obscurs calomniateurs aient profité du mécontentement d'un chef, pour lancer leurs imputations mensongères contre un officier dont le mérite devait porter ombrage à plus d'une médiocrité jalouse. Et d'ailleurs tous ces gouvernements révolutionnaires n'avaient-ils pas pris à tâche d'encourager et d'accueillir la délation ? Decaen se vit accusé tout à la fois d'indiscipline et de concussion : on lui reprochait de s'être laissé surprendre à Triberg (*), et d'avoir illégalement perçu des contributions dans la ville de Neustadt (**).

Sur ces allégations, sans preuves à l'appui, sans avoir entendu sa défense, le Directoire prononça sa destitution. Nouvel et déplorable exemple des erreurs où peut se laisser entraîner un pouvoir arbitraire ! Cette rigueur non méritée faillit ravir à la patrie des services aussi utiles qu'honorables (1799).

Veut-on savoir quel était l'homme contre lequel la calomnie répandait d'odieuses insinuations ? Ecoutons le témoignage que rendait plus tard à Decaen le peuple même avec lequel la France était alors en guerre ; témoignage que nous avons recueilli de la bouche d'un honorable compagnon d'armes (***) du général. Les Allemands disaient: « Les divisions Desaix, St.-Cyr et

---

(*) Triberg, duché de Bade, cercle du Haut-Rhin.
(**) Neustadt, même duché, cercle du Lac.
(***) M. le colonel Le Prévost.

Decaen *donnent et ne prennent jamais.* » Et notre armée, véridique écho d'une nation ennemie, confirmait cette renommée, mille fois plus glorieuse que celle des exploits les plus éclatants.

Decaen, avons-nous dit, était homme de conseil autant que d'exécution : fort de sa conscience, et dédaignant toute démarche qui eût humilié sa susceptibilité justement offensée, il se contenta de présenter au ministre un exposé sincère et loyal de tous ses actes, demandant d'ailleurs à être entendu devant un conseil de guerre. Mais les faits avancés furent si complètement détruits, sa conduite si pleinement justifiée, que, dès le mois suivant, le Ministre, bien convaincu que les accusations portées contre lui étaient sans fondement, ordonna sa réintégration : c'était la seule réparation que Decaen ambitionnât : car elle lui permettait de se signaler de nouveau en servant son pays (7).

Ce fut à l'armée du Rhin qu'il rentra en activité, et qu'il prit part aux dernières opérations de la campagne de 1799. Quoiqu'il n'eût encore que le titre de général de brigade, Lecourbe lui confia le commandement d'une de ses divisions : comme si, par une généreuse solidarité, ses collègues eussent voulu lui faire oublier un moment d'injustice! Bientôt cette noble confiance de Lecourbe fut dignement récompensée : ce général faisait ses dispositions pour investir Philipsbourg ; attaqué par des forces supérieures, il vit sa retraite assurée par l'inébranlable constance avec laquelle la division Decaen, admirablement secondée par celle de Ney, soutint, à Wisloch (*), un combat acharné : sans

(*) Wisloch, au nord-est de Philipsbourg, duché de Bade.

ce courageux dévouement, le salut de tout un corps d'armée était compromis (1799).

Suivons de nouveau Decaen dans cette série de sanglantes journées, qui signalèrent la glorieuse campagne de 1800, où nos armées, après avoir transporté le théâtre de la guerre au cœur de l'Allemagne, virent presque toujours la victoire couronner leurs héroïques efforts (1800).

Dès le début de cette campagne, il se distingue au combat de Willstett (*); puis, non loin d'Offembourg (**), il assure à l'aile gauche de l'armée du Rhin, malgré l'opiniâtre résistance de l'ennemi, un succès chèrement acheté.

Son sangfroid, son intrépidité brillèrent encore à Blauburen (***), où il eut le bonheur de sauver la division Souham, attaquée sur tous les points, et coupée du reste de l'armée par un ennemi bien supérieur; et, quelques jours après, à la belle défense du pont d'Erbach (****): là, non content de reconquérir sa position, cédée un moment à des forces trop considérables, il parvint, faiblement secouru sur la fin du jour, à forcer les assaillants à la retraite, et à les rejeter sur la rive droite du Danube.

Nommé général de division, à la suite de ce dernier exploit, et de beaucoup d'autres que nous ne pouvons mentionner (car, dans cette terrible lutte, les combats se renouvelaient presque tous les jours), Decaen reçut

(*) Willstett, au nord d'Offembourg, duché de Bade.
(**) Offembourg, ibid. cercle du Rhin-Moyen.
(***) Blauburen, à l'ouest d'Ulm, Wurtemberg.
(****) Le pont d'Erbach est sur le Danube, entre Ebingen et Ulm.

un commandement dans la réserve, alors en Bavière. Dans une action des plus meurtrières contre un corps d'armée sorti d'Ulm, il enleva les postes autrichiens établis sur la Mindel, et en repoussa les débris jusque dans Burgau (*). Le lendemain, il compléta cet avantage en s'emparant, malgré une nombreuse escorte de cavalerie, d'un grand convoi qui se dirigeait sur Ulm (14 juin).

Quelques jours après ces glorieux combats, Decaen passa le Danube à Dillingen (**), pour arriver sur ce champ de bataille d'Hochstadt, déjà fameux par un double triomphe et par un cruel désastre de nos armées; mais la journée du 20 juin, à laquelle la division Decaen prit une part glorieuse, vengea noblement l'affront qu'au commencement de l'autre siècle, Eugène et Marlborough avaient infligé à nos armes (20 juin).

Le mouvement qui portait nos forces vers les états autrichiens, se soutenait par des succès moins rapides peut-être, car ils nous étaient plus vivement disputés, mais plus sûrs que ceux des campagnes précédentes. Moreau, repoussant loin d'Ulm les troupes des confédérés, les avait menées battant jusqu'aux environs de Nordlingen (***), ville illustrée jadis par une victoire du grand Condé : car en quel lieu n'avons-nous pas porté nos armes, et payé le tribut du sang aux cruelles

(*) Burgau, en Bavière, cercle du Haut-Danube, sur la Mindel.

(**) Dillingen, Bavière, cercle du Haut-Danube, au sud-ouest d'Hochstadt, l'un et l'autre sur la rive gauche du fleuve.

(***) Nordlingen, ibid., cercle du Rézat, au nord-ouest de Donauworth.

exigences d'une politique souvent inhumaine ? En parcourant ces contrées, aujourd'hui paisibles et florissantes, autrefois presque toujours désolées par la guerre, quel penseur ne dirait avec un poète :

> Près de la borne où chaque Etat commence,
> Aucun épi n'est pur de sang humain ?

Ce fut de là que Moreau fit marcher Decaen sur Munich, où bientôt celui-ci entra triomphant. Mais ce triomphe, par combien de périls et de travaux il l'avait acheté ! En trois jours il lui avait fallu parcourir un vaste territoire, le disputant, on pourrait dire, pied à pied, au général autrichien Merfeld, qu'il défit dans trois engagements successifs.

Que ne nous est-il permis de dire par quels traits de courage, par quels nobles dévouements fut signalée cette marche hardie de notre vaillant capitaine ! Mais qu'au moins le deuil de la patrie nous soit une excuse, si nous rappelons l'action meurtrière et sanglante engagée près de Neubourg (*), place que Decaen devait occuper, s'il voulait éviter d'être coupé du reste de l'armée par les Autrichiens. Là, dans une affreuse mêlée, où l'on combattit corps à corps, sans faire usage de l'artillerie, tomba un héros pleuré de toute l'armée, guerrier à l'âme noble et généreuse; « celui, disait Carnot au premier consul, que les braves ont surnommé le plus brave, le modeste et vaillant La Tour d'Auvergne, illustre rejeton de la famille de Turenne, duquel il avait le courage et les vertus. »

(*) Neubourg, sur le Danube, à l'est de Donauworth.

Par une suite de manœuvres aussi habilement conçues qu'heureusement exécutées, la campagne de 1800, si glorieuse pour Moreau, était arrivée au point où se livrent ces actions décisives, qui sauvent ou perdent les États : on pressent que nous voulons parler de l'immortelle journée de Hohenlinden (*), le Marengo de nos armées d'Allemagne.

Dans cette mémorable bataille, l'une des plus grandes du siècle et le plus beau titre de gloire du général en chef de l'armée du Rhin, Decaen fut-il seulement le bras qui exécute ? Bien loin de là : son rôle fut celui de l'intelligence qui conçoit. Nous avons la preuve écrite et rendue publique (**), que Decaen, le premier, eut l'idée de l'immense désastre que devait alors éprouver l'Autriche. Dans une reconnaissance générale faite sur toute la ligne de sa division, pendant les quelques mois que l'administration de la Bavière lui fut confiée, il avait remarqué la position de Hohenlinden, et la signala au général en chef comme devant être fatale à l'ennemi, si celui-ci avait la témérité de s'y engager.

Mais Decaen se trouvait bien loin de ce champ de bataille à jamais célèbre, lorsque les Autrichiens, au nombre d'environ 70,000, y vinrent chercher leur perte. Informé de leur mouvement offensif, il manœuvra avec tant d'habileté et de promptitude, que, la nuit même qui précéda le combat, sa division, forte de

---

(*) Hohenlinden, village de Bavière, à l'est de Munich, cercle de l'Isar.

(**) Mémoires inédits de Decaen ; Carion-Nisas, Campagne de 1800 ; Thiers, vol. 2, p. 242 et suiv.

10,000 hommes, avait rejoint Moreau, qui s'écria, en le voyant arriver : « Voilà Decaen ! la victoire est à nous. » C'était un secours inespéré, et qui fut de la plus grande utilité : cette division forma d'abord, avec celle de Richepanse, le centre de l'armée française, laquelle compta alors à peu près 60,000 hommes.

Bientôt, cependant, par une de ces inspirations soudaines, qui sont les éclairs du génie, Moreau a cru pouvoir compter, pour tenir tête aux Autrichiens, sur ses divisions de droite et de gauche : il détache celles du centre pour aller surprendre et attaquer l'ennemi sur ses derrières, et le pousser dans un défilé, à travers une forêt, à l'issue de laquelle il l'attaquera lui-même avec le reste de ses forces (1800, 6 décembre).

M. Thiers, dans son Histoire du Consulat et de l'Empire, fait à ce sujet une réflexion fort honorable pour les généraux Richepanse et Decaen : c'est que l'ordre qui leur était donné, conçu en termes vagues, ne disait rien de la route à suivre, ne prévoyait aucun des mille accidents qui pouvaient survenir dans cet immense circuit, qu'allaient parcourir deux corps montant à 20,000 hommes, et laissait tout à faire à l'intelligence des commandants. « Du reste, ajoute-t-il, on pouvait s'en fier à eux du soin de suppléer à tout ce que ne disait pas le général en chef. »

Il appartiendrait à la stratégie de décrire par quelles manœuvres hardies et prudentes, avec quelle intrépidité et quelle prévoyance tout à la fois Decaen remplit a tâche qui lui était échue dans cette action meurtrière : il surmonte les obstacles les plus imprévus, met l'ennemi hors d'état de réparer ses pertes, et de se relever de ses échecs, enfin ne laisse après lui, dans sa marche terrible comme celle de la foudre, aucune cause d'embarras pour notre armée. On peut dire de lui, comme d'un autre guerrier célèbre : « Il n'abandonnait à la fortune rien de ce qu'il pouvait lui enlever. »

Contentons-nous de faire observer que jamais, dans ses longues et sanglantes guerres avec la France, la puissance autrichienne n'avait autant perdu, en une seule rencontre, que dans cette grande bataille, et que le résultat de l'habile et fructueuse coopération de Decaen fut 3,000 prisonniers, dont une cinquantaine d'officiers.

Il ne suffit pas de vaincre : il faut savoir profiter de la victoire ; et, nous ne craignons pas de le dire, les hauts-faits de Decaen pour recueillir tous les fruits de celle de Hohenlinden, surpassent encore ceux par lesquels il se distingua dans cette glorieuse journée (1800).

Détaché avec Lecourbe à la poursuite de l'ennemi, il passe l'Inn (*), et se dirige sur Laufen (**), dans le dessein d'y traverser la Salza (***) : là s'étaient ralliés et retranchés, dans une position avantageuse, les débris de l'armée autrichienne, et là aussi se rencontrèrent des obstacles impossibles à franchir pour d'autres que des guerriers français. Pourquoi un historien a-t-il qualifié de miraculeux (****) ce passage de la Salza?

(*) L'Inn, sorti du Tyrol, arrose la Bavière du sud au nord.

(**) Laufen, ville de Bavière, sur la rive gauche de l'Inn, cercle de l'Isar.

(***) La Salza, affluent de l'Inn, sur la rive droite, arrose la partie occidentale de l'archiduché d'Autriche.

(****) Thiers, 2ᵉ volume, page 2, § 9.

C'est qu'il fut signalé par des actes d'un courage et d'un dévouement presque au-dessus de l'humanité : sentiments que jamais capitaine ne sut, mieux que Decaen, inspirer à ses soldats.

Arrivé à Laufen, il trouve le pont de cette ville coupé par l'ennemi. Dans l'impossibilité de franchir la rivière sur ce point, il la remonte pour chercher un gué ; à quelque distance de là, il aperçoit une barque ; trois chasseurs qui l'accompagnent, l'aperçoivent aussi ; mais elle est sur le bord opposé. Néanmoins, bravant la rapidité du courant et la rigueur du froid, qui était excessive, ces hommes se jettent à la nage, et, après de longs et courageux efforts, ramènent l'esquif sur la rive gauche. Faible ressource pour le passage de tout un corps d'armée ! Et tel fut cependant le parti qu'on en sut tirer, qu'en peu d'instants quelques centaines d'hommes passèrent et s'établirent sur la rive droite. Il fallait dérober à l'ennemi la connaissance de ce mouvement : aussi, pendant qu'il s'opérait, on engagea un feu très-vif d'artillerie et de mousqueterie avec les troupes qui gardaient le pont, et qui furent attaquées en même temps par ceux de nos soldats qui avaient déjà passé. Déconcertées par cette agression imprévue, elles prirent la fuite, abandonnant aux nôtres leurs canons et les bords de la rivière. Le pont, rétabli, donna ensuite passage à plusieurs divisions, qui, bientôt, se trouvèrent aux prises avec un ennemi supérieur, auquel elles livrèrent un combat acharné, long-temps soutenu de part et d'autre avec une égale opiniâtreté : généreux, mais impuissant effort d'un ennemi que ses défaites n'avaient encore pu abattre ! La nuit suivante, à la faveur des ténèbres, dérobant leur fuite à la connaissance des Français, les Autrichiens continuèrent leur mouvement rétrograde, dans le vain espoir de mettre enfin quelque obstacle insurmontable entre eux et leurs vainqueurs. Lorsqu'au point du jour, Decaen se disposait à attaquer les postes ennemis, il les trouva déserts; alors, par une marche rapide, il se porta sur Salzbourg (*), où il eut l'honneur d'entrer le premier (1800).

Dans cette série d'engagements, dont furent témoins les rives de la Salza, il rendit des services signalés à l'armée du Rhin, et notamment à la division Lecourbe, qui se trouva, en une rencontre, compromise au milieu de toutes les forces autrichiennes, et qu'il eut le bonheur de tirer de la situation critique où l'avaient placée les circonstances et une ardeur inconsidérée.

Forcés de s'éloigner des bords de la Salza, les Autrichiens se retirèrent précipitamment sur Lintz (**); mais si vivement poursuivis, que nulle part, malgré les renforts qu'ils reçurent, ils ne purent tenir contre la valeur de nos soldats. Cette fuite, véritable déroute, ne fut pour eux qu'une succession de désastres, qui les repoussèrent jusque sur la Traun et l'Ens (***).

Ces lignes de défense, si avantageuses, si difficiles à forcer, n'opposèrent qu'un trop faible obstacle à l'intrépidité de nos troupes. Au pont de Welz (****), où il

(*) Salzbourg, la seconde ville de l'Autriche supérieure, sur la Salza.
(**) Lintz, capitale de l'Autriche supérieure, rive droite du Danube.
(***) La Traun et l'Ens, affluents du Danube, rive droite, arrosent l'Archiduché du sud au nord.
(****) Welz (ou Wels), petite ville sur la Traun, Autriche supérieure.

franchit la Traun, Decaen reproduisit les merveilles de courage et d'activité qui lui avaient fait tant d'honneur au passage de la Salza. En vingt jours, l'armée du Rhin avait conquis près de cent lieues de pays ; elle avait pris ou vu tomber sous ses coups plus de quarante-cinq mille hommes, enlevé à l'ennemi cent cinquante pièces d'artillerie et quantité de drapeaux, nobles trophées de ses victoires, et était arrivée à une courte distance de Vienne : n'était-ce pas assez pour sa gloire (1800) ?

Tant de succès de l'autre côté du Rhin et ceux de Bonaparte à sa seconde expédition d'Italie, où quarante jours suffirent au conquérant prédestiné pour soumettre de nouveau cette belle contrée à l'influence ou à la domination française, amenèrent un armistice qui mit un terme aux triomphes de nos armées et aux services de Decaen en Allemagne : (1801, 8 janvier, traité de Lunéville), services aussi nombreux qu'honorables, et qui justifient cette glorieuse apostrophe que lui adressa plus tard, dans un poème, un officier-général de l'armée (*) :

> Decaen, toi, des guerriers le généreux modèle,
> Que de fois dans ces champs ta valeur étincelle !
> Ton nom chez le Germain brille en tous nos exploits.
> A quels nouveaux hasards t'appelle un digne choix ?
> Une île qui reçut le beau nom de la France,
> Se relève et fleurit sous ta sage constance.
> Assailli, sans secours, tu dois céder ces bords,
> Mais après de longs ans et de gloire et d'efforts.

(*) Le lieutenant-général Dupont, dans son poème de l'*Art de la guerre*, ch. 9.

Decaen, que nous avons vu conquérir tous ses grades sur tant de champs de bataille, appeler sur lui l'attention par une valeur chevaleresque, une infatigable activité, une intelligence qui ne se trouva jamais en défaut, va déployer d'autres talents encore, d'autres qualités, plus rares peut-être et plus estimables, dans une nouvelle carrière, dans une position tout exceptionnelle.

Pendant le court intervalle de paix dont jouirent la France et l'Europe, à la suite des traités de Lunéville et d'Amiens, Decaen fut chargé par le premier Consul, d'une inspection générale d'infanterie, puis nommé *capitaine-général des possessions françaises à l'est du cap de Bonne-Espérance* (1802, 19 juin).

Sa promotion à ces hautes fonctions fut-elle, comme on l'a avancé sans fondement, une sorte de disgrâce, qu'il aurait partagée avec tous les officiers généraux, compagnons d'armes de Moreau? D'abord, cette nomination précéda de deux années la découverte du complot royaliste auquel le général en chef de l'armée du Rhin eut la faiblesse de se laisser entraîner (*). Puis nous avons, sur ce fait important, le témoignage écrit de Decaen lui-même (8).

Il rapporte, en effet, dans des Mémoires intéressants qu'il a laissés, une conversation qu'il eut à ce sujet avec Bonaparte, un peu avant le traité d'Amiens. On sait qu'à ce moment le futur dominateur de l'Europe s'efforçait d'attirer à lui tout ce qu'il y avait de

---

(*) La nomination de Decaen remonte au mois de juin 1802, et la conspiration ne fut découverte qu'en février 1804.

grand et d'illustre en France, et prenait plaisir à s'entretenir familièrement avec tous ceux qui avaient quelque célébrité, mais surtout avec les officiers distingués. Il s'intéressait non-seulement à leur vie publique, mais à leur situation personnelle. Voici à peu près en quels termes cet entretien est raconté :

« Et vous, général, qu'avez-vous ? lui avait demandé Bonaparte. — Rien, citoyen Consul ; mon épée pour le service de ma patrie. — Mais que voudriez-vous faire ? la guerre, sans doute ? et il n'y a plus de guerre. — C'est vrai, mon général, mais si vous faites la paix avec l'Angleterre, nous aurons des colonies qui nous seront probablement rendues, et il y aura beaucoup à faire pour y ramener la prospérité. Si l'Angleterre ne fait pas la paix, eh bien ! je n'ai pas de plus grand désir que de combattre les Anglais, et de les punir de tout le mal qu'ils nous ont fait. — Il pourrait bien arriver, lui répondit le premier Consul, que votre désir se réalisât un jour. »

Là se termina un de ces entretiens où Bonaparte savait si bien captiver les cœurs de ses compagnons d'armes, et leur inspirer cet inébranlable dévouement, qui leur faisait ensuite braver la mort sur les champs de bataille (1802).

Decaen explique aussi d'où lui était venue l'idée d'aller dans l'Inde : « Ce projet m'avait été inspiré de bonne heure, dit-il, par la lecture des grandes actions de Labourdonnais et de Suffren. »

Plus loin, racontant sa dernière entrevue avec le héros d'Italie, au moment de partir pour les Indes, ajoute : « Après avoir reçu les instructions que le pre-

mier Consul m'avait données, je lui dis : « Citoyen
« Consul, j'ai une grâce à vous demander : c'est de
« correspondre directement avec vous. » Cette faveur
me fut accordée sur-le-champ. » Ajoutons que Bonaparte envoya son portrait à Decaen, quelques mois
après l'arrivée de celui-ci à l'Ile-de-France.

Ainsi, loin d'être une disgrâce, le commandement
de cette lointaine et périlleuse entreprise comblait les
vœux de Decaen ; elle avait été, de sa part, l'objet de
longues et sérieuses études ; elle était conçue d'ailleurs
dans les vues politiques les plus étendues : rétablir,
dans les contrées de l'Inde, notre influence presque
anéantie ; rendre à notre drapeau l'éclat dont il y avait
plus d'une fois brillé ; contrebalancer la puissance
formidable qu'y acquérait l'Angleterre : tel était le but
de cette grande et hasardeuse mission. A quel autre
pouvait-elle mieux convenir qu'à un homme d'un caractère ferme, entreprenant et résolu, comme était
Decaen ?

Parti de Brest, avec l'amiral Linois (6 mars 1803), sur
une division navale composée de quatre bâtiments de
guerre et de quelques transports, il arriva, quatre mois
après, devant Pondichéry (*). Là, contre la foi des
traités, il aperçoit avec surprise l'étendard de l'Angleterre flottant encore sur nos établissements publics. A
peine a-t-il jeté l'ancre, qu'il se voit l'objet d'une surveillance active de la part des Anglais, qui, cependant,
malgré ces dispositions peu rassurantes, permettent le

(*) Pondichéry, possession française au sud-est de l'Indoustan,
côte de Coromandel, au nord de Karikal.

débarquement. Des bruits de guerre, parvenus jusque dans l'Inde, faisaient craindre la rupture d'une paix déjà si courte. Enfin, la conduite des officiers de la marine anglaise était plus qu'équivoque : elle se montrait hostile. Ils avaient fait mouiller deux de leurs bâtiments de chaque côté de la Belle-Poule, frégate française arrivée quatre jours avant la division. Inquiet de cette attitude et du refus de rendre Pondichéry, Decaen demanda une réponse catégorique aux autorités de Madras, et n'en reçut qu'une fort polie, mais évasive : on attendait, lui disait-on, des ordres supérieurs (1803, 12 juillet).

Tels étaient les embarras de sa position, lorsque la corvette le Bélier, partie de France après la division, parut devant Pondichéry, apportant des dépêches qui ne firent qu'accroître les inquiétudes de notre commandant.

La situation devenait tellement critique, qu'il crut devoir prendre sur-le-champ un parti décisif : bien trop faible pour se maintenir, en cas de guerre, sur le continent indien, il comprit qu'il soutiendrait la lutte avec plus d'avantage en se retirant dans nos îles de France et de Bourbon. Par là, du moins, il mettait à l'abri d'un coup de main ces importantes colonies, qui, déjà, avaient été la terreur des Anglais dans les guerres précédentes : car c'était de là qu'étaient sortis ces corsaires intrépides, si redoutés du commerce britannique.

L'exécution de ce plan, en présence d'une escadre anglaise bien supérieure à la nôtre (*), offrait de gran-

---

(*) L'escadre anglaise devant Pondichéry était forte de 10 bâti-

des difficultés. On ne pouvait conjurer le danger qu'avec de l'énergie, de la promptitude, et, par dessus tout, le secret. Après avoir pris toutes les précautions que suggérait la prudence, pour dérober aux Anglais la connaissance de son dessein, Decaen leva l'ancre au milieu de la nuit et fit voile pour l'Ile-de-France, tandis que la flotte anglaise, qui n'attendait que son premier mouvement pour l'arrêter, le poursuivait dans la direction de Madras.

Pour peu qu'on y réfléchisse, on comprendra ce qu'il y avait de grave dans la décision prise par le capitaine-général, et quelle fermeté de caractère il lui avait fallu pour l'exécuter ; lui-même n'ignorait sans doute pas quelle immense responsabilité il encourait. Mais on ne pourra refuser un juste tribut d'admiration à sa rare perspicacité, quand on saura que, par cette détermination, il n'avait fait que prévenir les instructions qui lui furent adressées quelque temps après, quand la guerre eut recommencé à ensanglanter l'Europe. Ainsi, par un effet de sa profonde prudence, le commandement se trouvait accompli avant même d'être connu ! Dans cette circonstance on lui dut la conservation d'une division navale et de tout ce qu'elle portait. Toute indécision eût été fatale. S'il eût attendu, sur les côtes de l'Indoustan, que la reprise des hostilités fût officiellement déclarée, les Anglais l'auraient-ils laissé opérer sa retraite, eux qui, trois jours après son départ, osèrent se porter à un acte d'hostilité flagrante

---

ments ; la division française n'en comptait que quatre : le vaisseau le Marengo et les frégates la Belle-Poule, l'Atalante et la Sémillante.

contre le transport français la Côte-d'Or? Et cependant il n'existait encore qu'un vague soupçon sur la prochaine rupture du traité de paix. On sait d'ailleurs que, dans le siècle dernier, le gouvernement anglais ne se montra pas toujours scrupuleux observateur du droit des gens à l'égard de la France. (1803, septembre).

Dans le principe, Decaen n'avait regardé son séjour à l'Ile-de-France que comme une nécessité momentanée : il ne jugeait pas sa position tenable. Aussi réclama-t-il instamment, du ministre de la marine, des envois de troupes et d'argent, et divers approvisionnements : il ne perdait pas de vue les projets que l'on avait conçus sur l'Inde, et dont l'exécution était le principal objet de sa mission. Réduit à de trop faibles ressources, il ne pouvait rien entreprendre; mais il s'engageait à y porter la guerre l'année suivante, avec certitude de succès, si on lui envoyait 6 vaisseaux, trois mille hommes d'élite, les munitions et les fonds nécessaires.

Quel ne dut pas être son découragement, lorsqu'au lieu des secours qu'il sollicitait pour tenter quelque entreprise sérieuse, il ne reçut que des dépêches lui annonçant la reprise des hostilités en Europe, et lui enjoignant de se retirer à l'Ile-de-France : ce qu'il avait déjà fait! Mais que parlons-nous de découragement, à propos d'un homme d'un tel caractère? Decaen put alors, sans que son patriotisme en fût ébranlé, mesurer toute l'étendue de la tâche imposée à son patriotisme!

Oubliées, pour ainsi dire, au milieu des phases si nombreuses et si rapides de notre grande révolution, nos colonies de l'Ile-de-France et de Bourbon n'avaient cessé de se débattre dans une pénible anarchie : triste fruit de la lutte qui s'était établie entre les autorités nommées par la métropole, et celles que s'étaient choisies les habitants. Douze années de troubles et de discordes y avaient porté la misère au comble, et tellement anéanti tout commerce, que le peu de mouvement maritime qui s'opérait même d'une île à l'autre, s'effectuait par les navires anglais ou américains. Des assemblées coloniales, aussi impuissantes à prévenir ou à réparer le mal qu'à faire le bien, avaient absorbé tous les pouvoirs : à tel point que les fonctionnaires publics, même de l'ordre le plus élevé, étaient réduits à l'humiliation de recevoir d'elles de faibles secours mensuels. Un esprit étroit et tracassier y avait pris la place des vues grandes et élevées, qui doivent diriger les représentants d'un pays.

On a dit (*) qu'à l'arrivée de Decaen à l'Ile-de-France, tout s'y trouvait dans l'état le plus affreux ; mais cette vérité, énoncée d'une manière si générale, ne peut donner qu'une idée fort incomplète du désordre qui régnait dans toutes les branches de l'administration : la colonie était dans l'impossibilité de subvenir à la moindre partie de ses dépenses ; rien dans les caisses publiques ; rien dans les magasins de l'Etat. Aussi, dans les premiers moments du séjour du capitaine-général, les dépenses les plus pressantes ne purent être soldées que sur une somme peu considérable, embarquée au départ de l'expédition, et qui devait bientôt être épuisée.

(*) M. le baron Lacuée, à la Chambre des députés, 27 janvier 1834.

Telle était alors la situation d'un pays où Decaen sut, pendant huit années, non-seulement pourvoir à toutes les dépenses d'un gouvernement régulier, mais créer une foule d'établissements utiles; relever le crédit et les finances; faire renaître l'industrie et fleurir le commerce, autant que le permettait l'état de guerre; réprimer d'innombrables abus, et enfin soutenir une lutte, aussi difficile que glorieuse, contre une puissance dont les immenses ressources étaient le centuple de celles qu'il avait à sa disposition (9) (1803 à 1811).

On conçoit que les réformes durent porter sur toutes les parties des services publics. Il déclara d'abord dissoutes ces assemblées qui s'étaient arrogé tous les pouvoirs, puis s'occupa de faire jouir nos colonies des précieux avantages de nos lois nouvelles, et d'une administration fortement centralisée, dont il se réserva toujours la direction suprême : car il pensait avec raison que, dans la position tout exceptionnelle où se trouvaient nos îles, dans un état de siége, pour ainsi dire, permanent, l'unité des pouvoirs était absolument indispensable. Mais, en appliquant à ces contrées lointaines les institutions de la mère-patrie, ne dut-il pas y apporter les modifications qu'exigeaient nécessairement et les circonstances locales et un état de société fort différent du nôtre? Approprier ainsi le bienfait de cette belle législation aux besoins de ses administrés, c'était en assurer la durée : aussi la longue et nombreuse série des ordonnances promulguées par Decaen, a-t-elle survécu à sa trop courte administration. D'après un article de sa capitulation avec les Anglais, elle continua, sous le nom de *Code Decaen* (10), à régir la colonie, qui passait sous une domination étrangère. Et de tous les articles de cette capitulation, celui-ci est, à nos yeux, le plus honorable; car cette sage législation était entièrement l'œuvre du capitaine-général : nul autre ne pouvait revendiquer une part dans ce mérite tout personnel.

Pourquoi faut-il que les bornes d'un éloge ne nous permettent pas de signaler le mérite de chacune des réformes opérées par Decaen? Nous le verrions, simplifiant l'organisation judiciaire, remplacer par un tribunal de première instance et une cour d'appel les six tribunaux qui administraient la justice dans nos îles; établir une police sévère, mais si bien entendue, qu'elle n'excite aucun mécontentement; porter d'utiles règlements dans l'intérêt de l'agriculture; interdire le vagabondage et la mendicité; régler les droits de chasse et de pêche; restreindre le débit des boissons enivrantes; faire régner la plus exacte discipline parmi les troupes, et augmenter en même temps le bien-être du soldat.

Ces objets, si multipliés qu'ils paraissent, sont loin d'absorber toute son attention : mille autres, également importants, se la partagent encore. Les hôpitaux, administrés désormais avec ordre et économie, seront confiés à ces pieuses femmes qu'une vocation sublime a vouées au soulagement de l'humanité souffrante. Les chemins, les canaux, les ponts, toutes les propriétés du gouvernement, tous les édifices publics, négligés et délabrés, vont être réparés et entretenus, malgré la modicité des moyens disponibles pour tant d'améliorations diverses. Mais il semble que Decaen ait le génie des ressources; manquant de tout, il parvient à subvenir à toutes les nécessités.

D'une main ferme, mais prudente, il ose porter la réforme dans les matières mêmes les plus délicates. On serait tenté de lui crier avec le poète : *Incedis per ignes suppositos cineri doloso* (*). Mais si le jeune officier, sous le feu de l'ennemi, fut brave jusqu'à la témérité, l'administrateur sait calculer toute la portée de ses actes. Ainsi, quoique rendant justice à la conduite, pleine d'humanité, des habitants envers leurs esclaves, il promulgue plusieurs décrets pour améliorer le sort de ces derniers et restreindre le pouvoir arbitraire des maîtres. La célèbre ordonnance de 1723, connue sous le nom de *Code noir*, est remise en vigueur, et la seule peine de mort substituée aux supplices précédemment infligés aux esclaves coupables de crimes capitaux. Veut-on cependant savoir quel était l'état des esprits relativement à la question de l'esclavage? Un seul fait permettra d'en juger. Quelque temps avant l'arrivée du capitaine-général, un ingénieur, nommé Cossigny, envoyé par le gouvernement pour diriger la fabrication des poudres, avait cru devoir payer réellement, aux noirs employés par lui, le salaire qui leur était alloué. Quelle fut la récompense de sa probité? Les habitants le renvoyèrent : tant on avait horreur de toute mesure tendant à rapprocher le travailleur esclave du travailleur libre ! La folle politique suivie à l'égard de St.-Domingue avait porté ses fruits. Il y avait donc de la hardiesse à introduire quelque changement dans le

---

(*) Tu marches sur des feux que recouvre une cendre trompeuse.

régime auquel étaient soumis les esclaves, et l'on comprend qu'avec moins de prudence, tout autre eût bouleversé nos colonies.

Mais aussi quelle sûreté d'expérience Decaen développe dans ces pacifiques travaux! Ne semble-t-il pas qu'au lieu d'avoir vécu dans les camps, il ait vieilli dans l'administration? Il est à son début, et déjà il fait l'application des théories les plus avancées de la science des économistes. S'il modifie le tarif des douanes, c'est pour établir des droits modérés : il sait qu'il a le commerce à relever, malgré la guerre, et les caisses publiques à remplir.

Que l'on ne croie pas que les améliorations matérielles eussent seules le pouvoir d'éveiller sa sollicitude : les intérêts moraux en avaient aussi leur juste part. Decaen, que l'on avait vu, au moment de sa nomination, solliciter l'établissement d'une imprimerie à Pondichéry, créa, sur de larges bases, un collège à l'Ile-de-France : outre les objets ordinaires, l'enseignement y comprenait l'anglais, l'arabe, le persan. Il fondait en même temps une école publique et gratuite d'hydrographie.

Nous ne finirions pas, si nous entreprenions de parcourir cet immense dédale de travaux administratifs; c'est à effrayer l'imagination : un jour, il réglait les salutaires formalités de l'état civil, et mettait la fortune publique à l'abri des dilapidations, en astreignant certains fonctionnaires à un cautionnement ; un autre, il instituait une Chambre de commerce, une Chambre des notaires, une Administration de santé. En même temps qu'il fixait les honoraires des magistrats et des officiers publics, il limitait à huit le nombre des cafés qui pouvaient s'ouvrir au Port-Louis, et les soumettait à des règlements sévères.

Ce qu'il y a peut-être de plus étonnant dans cette réforme radicale, c'est qu'il ne s'éleva jamais de plainte contre son auteur : exemple unique et presque incroyable ! car, quelques intérêts privés ne durent-ils pas se trouver froissés ? mais, en même temps, preuve évidente de l'inviolable respect de Decaen pour les droits bien fondés. Nous devons faire observer encore que, dans l'exécution de toutes ces mesures, la plus heureuse harmonie ne cessa de régner entre le capitaine-général et ses subordonnés, le préfet colonial et le commissaire de justice.

Nous avons, pour juger de l'équité et de l'intégrité de l'administration de Decaen, le témoignage de la colonie elle-même, qui, deux ans après son arrivée, voulut être la marraine de son fils aîné (11); et qui, à son départ, vota, au gouverneur général, une adresse où elle consigna l'expression de son estime et de sa reconnaissance : sentimens qui ne s'étaient pas démentis pendant plusieurs années.

Mais ces labeurs, quelque nombreux et importants qu'ils fussent, n'étaient pas les seuls qui occupassent Decaen : d'autres travaux, qui devaient avoir des résultats plus brillants, sinon plus utiles, partageaient son infatigable activité.

En lisant l'histoire de nos guerres maritimes depuis près de deux siècles, on est péniblement affecté de voir presque toujours négliger, par différents ministères, nos importantes colonies de l'Ile-de-France et de Bour-

bon, si avantageusement placées pour tenir en échec
une grande partie des forces maritimes d'une puissance
rivale. Par quelle fatalité, au commencement de ce
siècle, l'expérience des guerres précédentes fut-elle
encore perdue? Quand la faible division aux ordres de
Decaen mit à la voile, elle devait être immédiatement
suivie d'une seconde ; qui, le croirait-on? ne partit
jamais. Ne semblerait-il pas qu'il y eût parti pris de ne
rien faire pour ces portions si précieuses de notre
empire?

Nous le savons, et nous le confessons avec douleur,
l'élite de nos officiers de marine avait été moissonnée
dans nos funestes guerres civiles, ou dispersée par la
tourmente révolutionnaire. Mais comment se fait-il que
nos escadres, soit isolées, soit combinées avec celles
de l'Espagne, n'éprouvassent que des revers en Europe,
tandis que quelques marins, aussi habiles qu'intrépides,
honoraient notre pavillon dans un autre hémisphère?
Là, presque toujours le succès couronna leur audace ;
car les pertes que nous y éprouvâmes, étaient insigni-
fiantes, comparativement aux avantages obtenus et au
tort immense fait au commerce de l'ennemi. Là se
formaient et s'illustraient, sous une active et prudente
direction, les Bergeret, les Bouvet, les Ducret-Ville-
neuve, les Duperré, les Halgan, les Hugon, les Lemarans,
les Roussin, et cet Hamelin, qu'avait vu naître aussi le
Calvados; en un mot, presque tout ce que la marine
française a compté, de nos jours, de chefs expérimen-
tés. Et remarquons-le bien, dans les occasions plus
récentes où nos officiers de mer ont eu à exercer leurs
talents, si nos flottes ont obtenu quelques beaux et

glorieux triomphes, c'est qu'elles étaient commandées par des capitaines instruits à cette excellente école.

On a dit que Decaen a presque fait oublier dans l'Inde les Dupleix et les Labourdonnais (*) : à Dieu ne plaise que nous voulions rabaisser la gloire des grands noms de l'ancienne armée pour exalter celle des contemporains ! Mais, si l'on considère l'énorme disproportion entre les moyens mis à la disposition des premiers et la pénurie absolue où fut abandonné le second, quelle supériorité de mérite on reconnaîtra dans Decaen ! Dupleix, Labourdonnais, Suffren, noms vénérés sans doute, et qui ne se présenteront jamais à notre souvenir qu'environnés d'une auréole de gloire ! mais ils furent secondés par toutes les forces d'un grand peuple : Decaen, délaissé, comme autrefois Annibal en Italie, pendant huit années, à trois mille lieues de la France, sans recevoir aucun secours, privé de communications avec la mère-patrie, devait succomber, victime d'un coupable abandon.

Toutefois il trouva dans son infatigable activité, et surtout dans son admirable et parfait désintéressement, des ressources précieuses, dont il sut tirer un parti merveilleux. Oublions, pour l'honneur du pays, que, plus tard, on a misérablement disputé quinze cents francs à sa veuve infirme et à ses fils orphelins. Sans doute, en de tels moments, on perdait de vue les nombreux sacrifices qu'il avait si généreusement faits à sa patrie. Et cependant c'était à lui que nos braves marins

---

(*) M. le baron Lacuée à la Chambre des députés, 27 janvier 1834.

avaient souvent dû le navire même sur lequel ils sillonnaient les mers de l'Inde. C'était par sa complète abnégation qu'il leur était permis de désoler le commerce de nos rivaux, et de répandre de continuelles et vives alarmes dans les vastes colonies de la Grande-Bretagne. Avec moins de patriotisme, il eût pu, comme tant d'autres, et bien plus légitimement que tant d'autres, entasser des trésors. Veut-on se faire une idée des riches dépouilles qu'il ravissait à nos redoutables ennemis? La frégate la Sémillante, commandée par le capitaine Motard (*), après cinq ans de navigation et nombre de combats contre des forces supérieures, rentra en France, rapportant une valeur de sept millions, et après en avoir fait perdre quatre fois autant aux Anglais.

De tant de richesses, dont une très-belle part lui revenait de droit (**), Decaen, pauvre et père de famille, ne se réserva jamais rien. Ce dévouement seul ne suffirait-il pas pour l'immortaliser? Oui, toujours on lira avec une respectueuse admiration, qu'il s'est rencontré un homme à qui son grand et noble caractère faisait dédaigner de s'enrichir, quand il le pouvait, quand il lui suffisait de le vouloir. Ayant constamment devant les yeux les pressants besoins de nos colonies abandonnées, il versait dans les caisses publiques les sommes considérables dont il aurait pu faire l'héritage de ses enfants. Contentons-nous d'admirer ce que nous

---

(*) Motard, né à Honfleur, comme Hamelin.

(**) Suivant les usages de la guerre maritime, les prises se partagent entre le trésor public, le gouverneur, les officiers et l'équipage.

ne saurions louer dignement, et d'appliquer à cette âme vraiment héroïque le mot sublime d'un historien de l'ancienne Rome : « *Tunc patrem exuit, ut consulem ageret* (*). »

Ce désintéressement de Decaen est d'autant plus admirable, que, durant son long séjour à l'Ile-de-France, il réunissait en ses mains tous les pouvoirs, sans qu'aucun contrôle sérieux fût même possible : il battait monnaie, fixait et levait les impôts, armait et désarmait les vaisseaux, portait des ordonnances qui avaient force de loi : tout cela, sans avoir à craindre d'autre opposition que celle de l'opinion publique, très-peu puissante aux colonies, surtout à cette époque. On comprend combien de secrètes malversations eût pu se permettre un homme d'une conscience moins timorée, assuré qu'elles n'eussent jamais été connues. Chez Decaen, la probité, le désintéressement venaient d'une droiture naturelle de caractère, de sentiments profondément chrétiens. Aussi, dans les nombreux mémoires que nous avons de cette époque, on ne trouve pas un seul reproche adressé à sa réputation : elle est demeurée et sera toujours sans tache.

Quel motif étranger eût pu d'ailleurs le faire persévérer avec tant de constance dans cet oubli de lui-même et des siens? Relégué et comme abandonné loin de la terre natale, il lui manquait ce qui fait le plus puissant encouragement pour celui qui sert son pays, les applaudissements de ses concitoyens, la plus douce

---

(*) Il dépouilla les sentiments du père, pour remplir les devoirs du consul.

récompense du guerrier. Là, point de ces mobiles entraînants qui exaltent les courages et élèvent les âmes si fort au-dessus d'elles-mêmes. L'exercice difficile des vertus qu'il pratiqua si long-temps, exige un sacrifice continuel d'amour-propre, une force de caractère plus grande mille fois qu'il n'en faut pour ces exploits brillants, pour ces saillies de bravoure et d'intrépidité, qu'excitent et soutiennent et la présence des chefs, et les regards de toute une armée. « La gloire de Decaen (*) remplissait l'Inde; mais elle mourait sur nos mers captives et n'arrivait pas jusqu'à nos rivages. Son nom, ses triomphes nous restaient inconnus. »

Comment Decaen, réduit au peu de moyens que nous avons vus, parvint-il à se rendre la terreur des Anglais et à leur inspirer de sérieuses inquiétudes, malgré leur puissance colossale? Ce fut le résultat de cette haute capacité, comme administrateur et comme stratégiste, par laquelle, plus d'une fois déjà, il nous a étonnés. Les ressources de tout genre qui lui manquaient, il les conquit sur l'ennemi. Comme Napoléon, du sommet glacé des Alpes, animait son armée en proie à la détresse, en lui faisant porter ses regards sur les plaines fertiles de la Lombardie ; ainsi Decaen montrait aux officiers sous ses ordres, les navires aux riches cargaisons, les convois opulents de la Grande-Bretagne, couvrant les mers de l'Inde, de la Chine et de l'Océanie.

En suivant ses sages instructions, le contre-amiral Linois remporta d'abord des avantages. Dans quelques

---

(*) M. Mauguin à la Chambre des députés, 27 janvier 1834.

croisières heureuses, il fit perdre aux Anglais plus de douze millions, en leur prenant ou détruisant six bâtiments, et en incendiant de vastes magasins à Sumatra. Mais là se bornèrent tous ses succès. Decaen eut le bonheur de se voir mieux secondé par les autres officiers, dont les glorieux exploits, aussi hardiment exécutés qu'ils étaient habilement conçus, furent bien rarement suivis de revers.

En même temps, les armements particuliers rivalisaient d'audace et de bonheur avec la marine de l'Etat; de nombreux et intrépides corsaires, échappant presque toujours heureusement aux grands bâtiments ennemis, se rendaient l'effroi du commerce anglais, par leurs attaques aussi meurtrières qu'inopinées. Ainsi, dans le courant de 1804, tandis que nos frégates la Belle-Poule, l'Atalante et la Psyché envoyaient de riches prises, dont une produisit plus de quatre millions, un simple corsaire, la Forte, rentrait avec six bâtiments capturés, après en avoir coulé trois autres et avoir été inutilement poursuivi, pendant quatre jours, par une frégate anglaise.

Indépendamment de la guerre ouverte que Decaen soutenait si glorieusement contre les Anglais, il les inquiétait au cœur même de leurs possessions, par les intelligences qu'il était parvenu à établir dans l'Inde avec quelques chefs indigènes, impatients du joug étranger. Il entretenait des rapports suivis avec plusieurs gouvernements ennemis de la puissance anglaise, avec celui de la Perse, auprès duquel la France avait alors un ambassadeur. Dès son arrivée, il était entré en relations avec l'iman de Maskate (*) : des présents réciproques avaient cimenté cette alliance. Telle était l'inquiétude fomentée parmi les Anglais au sujet de nos projets sur l'Inde, qu'une dépêche du marquis de Wellesley, saisie par un de nos croiseurs, faisait mention *d'un parti français formidable*. Même après la soumission de Mahrattes, l'Inde était prête à se soulever. Plusieurs nababs ne craignaient pas de se compromettre par leurs communications avec nos agents, et Decaen réunit les adhésions d'une soixantaine de chefs Palyagares, disposés à se joindre aux Français, dès que ceux-ci paraîtraient sur le continent.

En même temps, sa sollicitude veillait sur les établissements des Hollandais, nos alliés : quoiqu'il manquât de troupes, au point d'être obligé d'armer des nègres esclaves, il envoya un détachement et quelques officiers à Batavia, pour concourir, au besoin, à la défense de cette importante possession.

Tant de soins, tant d'attention donnée à des objets si divers, n'empêchaient pas encore que Decaen ne portât ses vues sur l'avenir de nos colonies. — L'insuffisance des ressources de nos deux îles, sous quelques rapports, s'était révélée à lui : aussi appela-t-il plus d'une fois l'attention du gouvernement sur l'importance d'un établissement colonial à Madagascar, établissement tenté à plusieurs reprises et jamais réalisé ; il le considérait comme le complément nécessaire de

---

(*) Maskate, ville de l'Arabie méridionale, à 40 kilomètres environ au sud-est du détroit d'Ormus.

ceux de l'Ile-de-France et de Bourbon, et comme un dédommagement des pertes que nous avions faites en Amérique.

Sans doute l'abandon où on laissa Decaen, pendant tant d'années, ne fait qu'ajouter à son mérite, et les services qu'il rendit à son pays, n'en sont que plus glorieux. Mais quel devait être le fruit de tant de travaux et d'efforts? Entraînée irrésistiblement dans une suite de guerres ruineuses, par l'homme qui présidait à ses destinées, la France, devenue un moment la dominatrice de l'Europe, semblait avoir oublié cette poignée de combattants, ou plutôt ce petit nombre de héros, qui, dans un autre monde, avaient si fièrement relevé son drapeau et le défendaient avec tant de constance et d'intrépidité.

Cette lutte inégale ne pouvait se prolonger bien long-temps; Decaen le sentait et s'efforçait de le faire comprendre dans ses rapports, demandant instamment qu'on le secourût d'une manière efficace. Vainement il représentait l'injustice qu'il y avait à priver de toute assistance deux îles si fortement convoitées, si constamment attaquées par l'ennemi; qui supportaient des charges énormes, et où bientôt manqueraient les moyens de satisfaire aux premiers besoins de la vie : « car, disait-il, l'acte *tyrannique* (ce mot se trouve dans un de ses rapports) exercé sur les navires américains (*), fait craindre qu'elles ne soient

---

(*) Decaen faisait allusion au décret de Napoléon sur les neutres, décret marqué au coin de l'arbitraire, et dont une conséquence a été, de nos jours, l'obligation de payer 25,000,000 aux Etats-Unis.

plus visitées par ces neutres, qui les fréquentaient en grand nombre. »

Mais qu'attendre d'un ministre qui, par son incapacité et son mauvais vouloir, fut le fléau de la marine française au lieu d'en être le protecteur, et dont l'administration ne fut signalée que par des désastres? Loin de rendre pleine et entière justice à Decaen, tout en lui transmettant les témoignages de satisfaction de l'Empereur, il y mêlait des paroles de blâme, que, plus d'une fois, le capitaine-général eut à repousser. « Si j'avais eu le bonheur de rester en France, lui répondait Decaen, j'aurais servi sous les yeux de Sa Majesté, et je suis assez fort de moi-même pour assurer que je n'aurais jamais eu besoin d'écrire pour prouver que j'avais exactement fait mon devoir. »

Les Anglais, après nous avoir enlevé l'île Bourbon, dont le commandant s'était laissé surprendre, parvinrent à se saisir, dans les eaux mêmes de l'Ile-de-France, de l'îlot de la Passe, où ils se fortifièrent. Enhardis par ce premier succès, triste présage du sort réservé à notre colonie, ils se hasardaient à opérer des débarquements sur les côtes et y répandaient des proclamations : tentatives inutiles, auprès d'une population qui se montra toujours animée du plus louable patriotisme.

Cependant l'Ile-de-France, complètement délaissée, devait succomber sous les attaques réitérées d'un ennemi acharné. Les avantages mêmes que nous obtenions achevaient de l'épuiser. Ainsi, le combat de Port-Impérial (*), un des plus beaux dans nos fastes

(*) Port Bourbon, ou Port Sud-Est. Depuis la révolution, les villes

maritimes, ne servit qu'à signaler glorieusement l'agonie d'une puissance expirante. Là, un de nos plus habiles marins, le brave Duperré, quoique blessé et ne pouvant agir qu'avec deux de nos bâtiments, soutint victorieusement une action longue et sanglante contre quatre frégates anglaises, qui furent détruites ou capturées (1810, du 23 au 25 août). Que n'eussent pas fait de tels hommes, si la métropole eût secondé leur bravoure et leurs talents! Malgré d'aussi beaux triomphes, l'heure fatale avait sonné pour cette colonie, si digne de rester française, et pour laquelle le gouvernement de la France ne voulut faire aucun effort. Ce fut inutilement que Decaen adressa au patriotisme, déjà bien éprouvé, des notables de l'île, un appel qui fut encore entendu. Ils votèrent, sous le nom de prêt colonial, un impôt extraordinaire.

Les Anglais sentaient trop bien l'importance de cette possession et les dommages irréparables qu'elle causait à leur commerce, pour ne pas tenter les plus grands efforts afin de nous l'arracher. Aussi, un armement formidable, composé de plus de soixante-dix voiles et portant vingt mille hommes de débarquement, comme s'il se fût agi de conquérir un pays considérable, vint assiéger, pour ainsi dire, une île de 11 lieues de longueur sur 8 de largeur (novembre).

Cette expédition, qui, comme on l'a fait observer (*), leur coûta le double de ce que nous a coûté depuis

---

de ces colonies avaient, plus d'une fois, changé de nom. Ainsi Port-Louis, résidence habituelle de Decaen, avait pris celui de Port Nord-Ouest, puis de Port-Napoléon.

(*) M. Baude, à la Chambre des députés, 27 janvier 1834.

notre conquête d'Alger, se composait de trois divisions. On raconte qu'au moment où une partie de cet immense convoi stationnait à Rodrigue (*), attendant les deux autres, et lorsque les troupes étaient débarquées pour se rétablir des fatigues de la mer, le conseil fut donné à Decaen d'aller, avec ce qu'il avait de forces maritimes à sa disposition, incendier et détruire les transports anglais, et forcer, par la famine, les troupes qui se trouvaient à terre à se rendre à discrétion. L'heureuse et prompte exécution d'un tel projet eût peut-être sauvé notre colonie; mais les vivres étaient toujours ce qui manquait le plus à l'Ile-de-France, surtout depuis la perte de Bourbon : or, si l'on détruisait les navires anglais, cette multitude d'hommes, qu'on aurait faits prisonniers à Rodrigue, n'aurait-elle pas été exposée à mourir de faim ? Cette considération devait prévaloir sur toute autre dans la belle âme de Decaen. Il dit, comme autrefois Aristide aux Athéniens, dans une circonstance analogue : « Ce conseil est utile, mais il n'est ni humain, ni généreux. » Et ces troupes, destinées à nous enlever notre dernière colonie, durent elles-mêmes leur salut à la magnanimité de leur ennemi.

Le capitaine-général tenta de se défendre avec 800 soldats et 400 marins, dans une île qui n'avait pas une forteresse. Mais il le fit plutôt pour l'honneur de nos armes que dans l'espoir du succès : sa résistance ne

(*) Rodrigue, la plus petite des îles Mascareignes, à l'est de celle de France, était alors inhabitée : Decaen avait rappelé, pour n'avoir pas à les défendre, une centaine de colons qui s'y étaient établis.

pouvait être longue. Cependant les Anglais, malgré leur supériorité numérique, n'agirent qu'avec les plus grandes précautions : tant nos entreprises hardies et multipliées leur avaient donné une haute idée des forces dont ils supposaient que l'Ile-de-France devait être le point de réunion ! Aussi se gardèrent-ils bien d'attaquer directement le Port-Louis, où Duperré et Hamelin avaient formé une ligne d'embossage, avec les quatre seules frégates qui fussent alors dans la colonie. Ils découvrirent quelques passages parmi les récifs, dont l'île est entourée comme d'un rempart naturel, et, le 29 novembre 1810, ils mirent le pied, pour la première fois, sur cette terre, qu'ils ne devaient plus quitter. Vainement quelques détachements de troupes françaises, habilement disposés, retardèrent la marche de l'ennemi et lui firent éprouver des pertes. Le 2 décembre, l'armée anglaise était rendue devant le Port-Louis et son commandant préparait tout pour une attaque générale. L'effusion du sang était aussi imminente qu'elle eût été inutile. Decaen eut la sagesse de l'épargner, par une capitulation non moins honorable qu'une victoire. Les avantages qu'il obtint, dans cette circonstance, il les dut à la terreur qu'il avait inspirée aux ennemis, et à l'erreur où il avait su les entretenir, jusqu'à la fin, sur ses forces réelles, autant qu'à leur estime pour son noble caractère.

D'après cette capitulation, ou plutôt ce traité de puissance à puissance, pas un seul Français ne demeura prisonnier des Anglais : tous furent transportés en France, avec leurs bagages, sur les navires et aux frais du gouvernement britannique ; les blessés qu'on était obligé de laisser dans les hôpitaux, y furent traités comme les Anglais, et, plus tard, transportés en France; il fut permis aux chirurgiens français de rester avec eux ; les propriétés des habitants, quelles qu'elles fussent, étaient garanties; ils conservaient leur religion, leurs lois et leurs coutumes ; ils demeuraient libres, pendant deux ans, de quitter la colonie avec tous leurs biens, pour se rendre où ils voudraient.

Decaen eût encore désiré sauver six bâtiments qui lui restaient, mais ses efforts furent inutiles. Il en fut de même de ses démarches, sous la Restauration, auprès de plusieurs personnages influents, et notamment de Talleyrand, pour que ce diplomate obtînt, du Congrès de Vienne, la restitution de l'Ile-de-France. Le duc d'Angoulême, supplié aussi par Decaen d'intervenir auprès des puissances, répondit : « Les Anglais ne rendront jamais l'Ile-de-France que par force, et, pour ce cas, ils ont pris leurs précautions mieux que nous. »

M. Thiers (*) rend un hommage mérité aux immenses travaux et à l'intelligente activité de Decaen, lorsque, parlant des fautes commises en Egypte après la mort de Kléber, il ne craint pas de dire que si nous avions eu dans ce pays un homme joignant, comme Decaen, les talents de l'administrateur à l'expérience du capitaine, nous aurions pu, non-seulement nous y maintenir, mais y asseoir, sur des bases solides, la domination française, et y fonder la plus magnifique des colonies.

(*) Thiers, tome 3— 110—111.

Suivant une prescription rigoureuse de nos lois militaires, Decaen dut comparaître devant un conseil de guerre, pour justifier la reddition de l'Ile-de-France. Le résultat de cette enquête ne pouvait que lui être fort honorable. Cet homme, qui avait vu l'or ruisseler dans ses mains, revenait pauvre et blessé ; car il avait encore payé de sa personne, en essayant de se défendre contre les Anglais : il avait dépensé, au profit de l'Etat, ce qui eût été bien légitimement sa fortune. Il ne demanda, pour unique récompense de ses bons et loyaux services, que la confirmation des grades qu'il avait conférés à ses subordonnés. Napoléon, en accordant cette demande au ministre de la marine, ajouta ce bel éloge : « Celui-là n'a pas besoin de faveurs pour faire son devoir » (1811, avril).

A peine rentré en France, il fut nommé, en remplacement de Macdonald, au commandement de l'armée de Catalogne. Avec moins de 30,000 hommes, il réussit, pendant plus de deux ans, non-seulement à se maintenir dans cette province, la plus belliqueuse de l'Espagne, la plus difficile à soumettre, tant à cause du caractère de ses habitants, que de la nature de son territoire ; mais encore il y fit respecter le nom français, par plusieurs beaux faits d'armes, et par les améliorations qu'il apporta dans l'administration. Obligé de tenir des garnisons dans les places importantes de Barcelone, de Lérida, de Tortose, de Tarragone, de Girone, de Figuières, et autres encore, et de les approvisionner par des convois souvent renouvelés, il devait, en même temps, poursuivre les bandes nombreuses et aguerries des fameux partisans Compans, Roviro, Lascy, Milans,

Eroles, Manso, Saarsfield, et garder une vaste étendue de côtes, où les Anglais ne cessaient d'opérer des débarquements d'armes et de munitions (octobre 1811).

A son arrivée dans cette province, où, en trois ans, s'étaient succédé trois maréchaux de France, le tiers de nos soldats était dans les hôpitaux, et ceux qui en sortaient, se trouvaient tellement affaiblis par les fièvres, qu'ils étaient de long-temps incapables de servir activement. Aussi le général en chef ne pouvait mettre six mille baÿonnettes en campagne; réduit à huit petites pièces d'artillerie, dont quatre de montagne, privé presque totalement de moyens de transports, il n'avait pour toute cavalerie que trois cents chevaux, à peu près hors d'état de servir.

Tel était l'état des choses au moment où il entreprenait la tâche la plus difficile assurément de cette sanglante guerre d'Espagne, dans une province hérissée de montagnes, qui étaient comme autant de forteresses naturelles. Il avait ordre de prendre l'offensive, sans même attendre l'entière cessation des fièvres qui désolaient nos armées; de s'emparer d'Urgel et de Cardona (*), de dissoudre les rassemblements d'insurgés; enfin de soumettre et de pacifier un pays, dont tous les habitants, devenus soldats, et animés du double fanatisme religieux et politique, se soulevaient avec fureur contre nous.

Dans cette part importante que Decaen était appelé à prendre à la lutte insensée, désastreuse, engagée contre un peuple qui s'était montré allié généreux et

(*) Urgel, ville au nord de la Catalogne, à quelque distance et sur la rive droite de la Sègre. Cardona, au centre de la même province.

dévoué, le plus difficile n'était pas de vaincre l'ennemi, mais de l'atteindre. Une colonne se mettait-elle en mouvement, elle se trouvait attaquée sur ses flancs, sur ses derrières, par les *guérillas*, adversaires, pour ainsi dire, insaisissables, qu'on vit rarement tenir sur un champ de bataille, mais qui, par leurs attaques inopinées et continuelles, privaient de tout repos nos soldats, épuisés par les veilles et les fatigues. Trouvant toujours un refuge assuré chez l'habitant, ces insurgés se confondaient en un instant avec la population civile, et disparaissaient devant nos troupes, qui les poursuivaient en vain.

La première opération importante dirigée par Decaen, fut le ravitaillement de Barcelone : entreprise aussi difficile que périlleuse, accomplie avec succès six semaines après son arrivée, et pour laquelle il n'avait pu disposer que de 5,000 hommes : c'était tout ce qu'il avait alors de forces actives. Telle était la confiance des Espagnols dans leur supériorité numérique, et dans leur position sur les rives escarpées d'une rivière, que Lascy, qui les commandait, leur avait promis le pillage du convoi, et avait déterminé les sommes qu'il paierait, pour chaque pièce d'artillerie, et pour chaque officier français prisonnier. La colonne française, habilement commandée par Lamarque, sous les ordres du général en chef, attaqua les ennemis avec tant de résolution, qu'elle les mit en fuite, avec perte de 7 à 800 hommes, tandis que Maurice-Mathieu, sorti de Barcelone au-devant du convoi, les surprenant lui-même à l'entrée d'un defilé où ils s'étaient embusqués, leur tuait encore 600 hommes. Au retour, Lamarque, avec sa division, fit quelques excursions, et chassa l'ennemi de toutes les positions où il le rencontra. Le résultat de cette expédition, entièrement terminée en huit jours, fut des plus favorables à nos armes : Decaen rouvrait par là, entre Figuières où il avait son quartier-général, et Barcelone, des communications que les insurgés croyaient avoir interrompues à tout jamais. Aussi reçut-il, de la part de l'Empereur, l'ordre positif de renouveler le même mouvement à des époques rapprochées (décembre).

Ainsi que le Ministre de la guerre en avait témoigné l'espérance, le ravitaillement de Barcelone n'avait été que le prélude de faits plus importants : en quelques mois la face des affaires avait complètement changé en Catalogne, autant par les mesures administratives de Decaen, que par ses travaux stratégiques. Les routes étaient rendues praticables; toute la côte était surveillée à partir des Pyrénées, et des redoutes construites pour assurer les communications par cette voie avec Barcelone. Les Anglais, chassés du littoral, s'étaient vu enlever les îles de Las Médas (*), d'où ils dominaient l'embouchure du Ter, et ne pouvaient plus aborder que sur quelques points isolés de la Basse-Catalogne. Une amélioration notable s'était d'ailleurs produite dans la situation de Barcelone, où, en un mois, on vit arriver jusqu'à vingt-deux de nos bâtiments, apportant des ressources bien précieuses en approvisionnements de toute nature (1812).

Decaen, poursuivant vigoureusement ses avantages,

(*) Les îles ou îlots de Las Médas, à l'embouchure du Ter, petit fleuve qui arrose le N. de la Catalogne, subdivision de Girone.

malgré le peu de moyens à sa disposition, fait ensuite triompher nos armes à Alta-Fouilla (*), où, de l'aveu même des ennemis, nos soldats s'honorèrent autant par leur humanité que par leur bravoure; à St.-Felice-de-Caudines (**), où il repoussa avec perte un corps nombreux, qui s'était proposé de surprendre les nôtres (janvier).

L'habile direction donnée à des forces si peu considérables, et les heureux succès qui en étaient la suite, valurent à Decaen de glorieuses distinctions : sa nomination de grand'croix dans l'ordre de la Réunion, et, au mois de février suivant, le titre de comte de l'Empire.

Et cependant ces premiers succès devaient être surpassés par ceux que nous le voyons obtenir plus tard. En trois jours, il fait passer, de Girone (***) à Barcelone, un grand et riche convoi, qui ne fut pas même inquiété dans sa marche : tant avait été salutaire l'impression produite par les beaux faits d'armes d'Alta-Fouilla, de St.-Felice, et aussi par les défaites qu'il fit successivement éprouver à Milans, sous les murs de Mataro (****), près d'Arens de Munt et de St.-Céloni (*****).

(*) Alta-Fouilla (ou Fulla), village et plateau sur la rive gauche du petit fleuve Gaya, dans le sud de la Catalogne.

(**) St.-Felice-de-Caudines, dans le voisinage de Vique.

(***) Girone, ville importante, chef-lieu de subdivision, sur la rive droite du Ter.

(****) Mataro, ville et port de mer, au N.-E. de Barcelone.

(*****) St.-Céloni (ou Séloni), village au N. de Mataro; Arens de Munt, à l'O.

Dans une marche sur Puycerda (*), par la partie la plus montagneuse de la province, il met en fuite les bandes réunies de Milans, de Manso, de Roviro et d'Eroles. Il remporte ensuite une victoire signalée au village de la Garriga (**), sur les meilleures troupes de l'Espagne, commandées par Lascy, qu'il força de renoncer au siège de Tarragone (mai, novembre).

Ce fut une résolution bien hardie que celle qui fut prise par Decaen, à la même époque, de se tenir à Barcelone, avec dix-huit cents hommes seulement, au milieu d'une population ennemie, de plus de 100,000 âmes, tandis que Maurice-Mathieu se dirigeait, à huit journées de là, sur Balaguer (***), pour faire lever le siége de cette place, la plus importante du bassin de la Sègre : expédition qui, d'ailleurs, fut couronnée du succès le plus complet, et accrut l'influence des Français. Environné d'ennemis, en butte à de secrètes embûches, comme aux hostilités ouvertes, Decaen pouvait, peut-être mieux qu'un autre, s'exposer (et c'était la seconde fois) à des chances aussi terribles. Nous ne dirons pas qu'il eût l'affection des habitants : l'Espagne alors ne pouvait rien aimer de ce qui tenait à la France; mais il était aussi estimé qu'un chef ennemi pouvait l'être. Son administration, sévère et ferme, mais impartiale et juste; l'exacte discipline qu'il faisait observer à ses troupes; sa loyauté à remplir tous ses engagements, avaient donné une haute

(*) Puycerda, ville au N.-E. d'Urgel, à l'extrême frontière.
(**) La Garriga, village au N.-O. de Tarragone.
(***) Balaguer, ville sur la rive droite de la Sègre, au nord-nord-est de Lérida.

idée de son caractère, et inspiré une sorte de respect pour sa personne. Son désintéressement s'était également fait connaître en plus d'une rencontre : là, comme à l'Ile-de-France, il avait abandonné aux autres officiers la part qui lui revenait dans la capture de quelques navires anglais, saisis sur les côtes ou dans les ports de la province.

La seconde année de son commandement fut marquée par le fait d'armes tout à la fois le plus brillant et le plus utile par ses résultats : ce fut la glorieuse bataille de Villafranca de Pennada (*), gagnée sur les Anglo-Espagnols, qui assiégeaient Tarragone. Réuni à Suchet, il parvint par d'habiles manœuvres, à les éloigner de cette place, ruinée par tant d'attaques, et défendue, pendant plusieurs mois, par nos troupes avec une constance héroïque (1813, juillet et août).

Sous une direction ferme et vigilante, le moral du soldat s'était relevé, en même temps que son bien-être s'était accru. Comme preuve de cette amélioration, nous ne pouvons citer un exploit plus admirable que celui de la faible garnison de Ripoll (**) : là, quatre cents hommes, sous le chef-de-bataillon Nouguès, attaqués de nuit et presque surpris par trois mille combattants aux ordres de Lascy, repoussèrent victorieusement ces nombreux ennemis. De même, à Villafranca, on avait vu deux escadrons de nos hussards (du 4e.) mettre en déroute neuf cents chevaux anglais.

(*) Villafranca de Pennada (ou Penades), au N. de Tarragone ; la bataille dont il s'agit, est désignée quelquefois sous le nom de Tarragone.

(**) Ripoll, sur le Ter, au N. de Vique.

Cette bataille de Villafranca, l'une des plus importantes de toute la guerre d'Espagne, fut, a dit un écrivain (*), comme un reflet de nos anciens triomphes, qui vint briller au milieu de nos désastres.

En vain, surmontant des difficultés inouïes, Decaen obtint encore un avantage considérable à St.-Privat, dans le voisinage d'Olot (**). Il n'en était pas des autres provinces d'Espagne, comme de celles de Catalogne et de Valence : sur presque tous les points, nos armées étaient battues, forcées à la retraite, et chassées vers les Pyrénées. A mesure qu'elles rentraient en France, plusieurs corps se réunissaient les uns aux autres, et l'armée de Catalogne eut ordre de se joindre à celle d'Aragon, sous le maréchal duc d'Albuféra (5 octobre.)

L'austère probité de Decaen le faisait redouter des dilapidateurs de la fortune publique ; mais le trait suivant, dont l'authenticité nous est acquise, prouve à quel point il était estimé et chéri de ses subordonnés. Son fils, officier de cavalerie, faisait une ronde au siége d'Anvers (1833), et comme il apposait sa signature sur un rapport, quelques vieux officiers remarquèrent qu'il signait *Decaen*. Ils lui demandèrent s'il était parent du général de ce nom. Quant il leur eut appris qu'il était son fils, il se vit comblé de félicitations et entouré d'égards. « Vous retrouverez ici, lui disaient-ils, les officiers de l'armée de Catalogne. » Et ce fut à qui honorerait, dans le fils, la mémoire si vénérée du père. Certes, on ne peut le nier, c'est là une bien glorieuse noblesse !

(*) La duchesse d'Abrantès.
(**) Olot, à l'O. de Castelollit.

Ce n'était pas seulement à ses subordonnés et à ses soldats, mais à la nation même qu'il combattait, que Decaen avait fait sentir les bienfaits d'une administration toute paternelle. Un officier (*) qui avait autrefois fait la guerre en Allemagne avec lui, traversait la Catalogne, au moment où le vertueux capitaine allait en quitter le commandement. Il entendit plusieurs fois les Espagnols exprimer leur naïve reconnaissance au sujet de cet ennemi, dont l'équitable et sévère impartialité leur avait du moins épargné bien des maux. « Si l'on pouvait, disaient-ils, faire un présent à un général français, il faudrait donner à Decaen une madone couverte d'or. » Et cette bonne opinion, qu'il avait su inspirer par sa justice et son intégrité, s'est conservée jusqu'à nos jours, comme une tradition pieuse, dans le souvenir des Catalans.

De retour à Paris, Decaen reçut presque aussitôt l'ordre d'aller prendre le commandement en chef de l'armée de Hollande. Il devait défendre ce pays contre les forces toujours croissantes des puissances coalisées, contre les débarquements des Anglais, qu'il semblait destiné à retrouver partout, et contre les dispositions insurrectionnelles des habitants. Cette mission n'était pas seulement d'une grande difficulté, comme celle de Catalogne ; elle était impossible : l'armée de Hollande n'existait pas, et le pays n'offrait aucune ressource au commandant français pour en organiser une. Il ne rencontra dans les autorités locales qu'une hostilité sourde, qui, pour être moins violente que la rébellion

---

(*) M. le colonel Le Prévost.

espagnole, entravait cependant toutes ses mesures.
Jusque-là il avait commandé des armées actives ; le
nouveau rôle qu'on lui confiait, convenait peu à son
caractère. Rallier quelque débris de nos forces, quelques corps administratifs épars dans le pays : c'était
sans doute une tâche au-dessous de son génie. Trop
peu courtisan, il osa dire ce qu'il pensait : on devait,
écrivait-il, envoyer en Hollande un délégué de l'autorité militaire, avec les pouvoirs convenables, et non
un général en chef, puisqu'il n'y avait pas d'armée
(1813).

Cette franchise déplut : elle révélait une faiblesse
que peut-être on ne sentait déjà que trop ; l'irritation
s'accrut encore par suite d'une mesure à laquelle le
général en chef se vit obligé de recourir.

Il pourvut d'urgence aux plus pressantes nécessités ;
long-temps, mais vainement, il lutta contre cette force
d'inertie qu'opposait à la domination étrangère un
pays épuisé par la conscription, et ruiné dans son
commerce, unique source de sa prospérité ; enfin il
prit un parti dont il fut sévèrement blâmé : ce fut d'évacuer deux places, qu'il ne croyait pas pouvoir défendre, et de concentrer ce qui lui restait de forces
sur Anvers, dont les gigantesques travaux exécutés
par Napoléon, avaient fait un arsenal de la dernière
importance pour notre marine, et l'un des plus solides
boulevards de notre empire.

En arrivant aux quartiers français, Decaen avait
trouvé l'ennemi maître de presque toute la partie
maritime de la Hollande sur les bouches de la Meuse
et du Rhin. La population, jusque alors calme et sou-

mise, ne déguisait plus son aversion pour le gouvernement impérial. Peut-on penser qu'un administrateur aussi habile que Decaen, familiarisé avec les dangers et les obstacles de tout genre, eût renoncé à défendre ces places, s'il eût vu quelque moyen de s'y maintenir? Il ne commit donc pas la faute qui lui fut reprochée, de découvrir, sans y être forcé, cette partie de nos frontières. Sa résolution était plus que justifiée par d'impérieuses nécessités, et le fut mieux encore par les événements postérieurs. Le duc de Plaisance qui remplaça Decaen, sauva-t-il, plus que celui-ci, la Hollande? Ne se vit-il pas bientôt contraint d'opérer sa retraite?

Tout indispensable qu'elle était, la résolution prise par Decaen, excita le mécontentement de l'Empereur, qui fit examiner la conduite du général par une commission d'hommes compétents; mais le résultat de cet examen fut tel, que Decaen se vit presque aussitôt rappelé à un commandement.

Le moment était venu où toutes les forces du pays, tous les talents devaient concourir à le défendre. Une déplorable fatalité pressait la marche des événements, et ces événements étaient pour nous des désastres. La France était menacée jusque dans son indépendance nationale. Aussi Decaen se garda-t-il de suivre le conseil que lui donnait alors un ami, de se tenir quelque temps à l'écart, dans la prévision de la catastrophe qui devait bientôt terminer le règne de Napoléon, et dans l'espoir qu'un autre gouvernement s'empresserait d'accueillir un officier illustré par tant d'honorables services. Son caractère, plein de droiture et de loyauté, ne pouvait se plier à une politique qui plaçait ses intérêts personnels avant ceux de la France. Il voyait nos limites franchies par l'étranger, et l'invasion s'avancer de jour en jour plus menaçante; il réserva jusqu'à la fin ses services à la patrie (1813).

Le roi Joseph, nommé lieutenant-général de l'empire, n'avait pas oublié la belle conduite de Decaen en Espagne : aussi, à la nouvelle de l'entrée des Anglais à Bordeaux, il le chargea de réunir dans le Midi un corps de 6,000 hommes, qui, sous le nom d'armée de la Gironde, devait reprendre cette ville, et arrêter, de ce côté, les progrès de l'ennemi. Sans doute, dans ce commandement, comme dans tous les autres, il eût déployé les admirables ressources de son génie; mais, au moment où il faisait ses dispositions pour marcher sur Bordeaux, la nouvelle de l'abdication de Fontainebleau vint tout-à-coup changer la face des affaires. Le 3 avril, le duc d'Angoulême prit possession de Bordeaux, au nom de Louis XVIII. Decaen n'avait dès-lors d'autre parti à prendre que de traiter pour le corps d'armée qu'il avait sous ses ordres : il conclut, onze jours après, une suspension d'armes, avec le commandant de la division anglaise qui lui était opposée (1814).

On nous pardonnera de mentionner ces dates : elles sont une justification du reproche qu'on a fait au général, de son empressement à se soumettre au nouveau gouvernement.

La Restauration voulut s'attacher un officier d'une habileté et d'une fidélité aussi éprouvées. Louis XVIII, considérant combien ses services, quoique rendus sous un autre gouvernement, avaient été utiles et glorieux, lui confia le commandement de la onzième division militaire, puis le promut au grade de grand'croix dans l'ordre de la légion d'honneur (20 juillet).

Par sa vigilance, son activité et la sagesse de son administration, Decaen sut encore bien servir son pays, pendant le court intervalle de paix qui s'écoula entre la première Restauration et la funeste époque dite des Cent-Jours.

On se rappelle la situation critique des Bourbons, au moment où se répandit, d'une extrémité de la France à l'autre, d'abord comme une sourde rumeur, puis comme ces bruits sinistres, précurseurs de la tempête, la nouvelle inattendue du débarquement de Napoléon : signal d'espoir et d'allégresse pour les uns; sujet d'inquiétude et d'effroi pour les autres. Ce retour fatal, les vœux de Decaen ne l'avaient point appelé : c'est une vérité qu'attestent et les faits de l'époque, et le témoignage d'un respectable vieillard (*), qui fut pendant quarante ans l'ami du général, le dépositaire de toutes ses pensées. Decaen s'était sincèrement attaché au gouvernement du Roi; et la duchesse d'Angoulême, qui avait su comprendre la loyauté de son caractère, l'honorait de son estime.

Cette princesse, espérant conserver au parti du Roi les troupes de la 11e. division, s'était rendue à Bordeaux, ville qui, la première, avait relevé l'étendard de la monarchie des Bourbons. Le commandant voulait être fidèle au serment qui le liait à l'antique dynastie;

(*) M. Caille, avocat du barreau de Paris; homme du caractère le plus honorable, et compatriote du général.

et nous sommes heureux de dire que, dans cette circonstance, sa conduite fut, de tout point, honorable. Mais pouvait-il ignorer quel esprit animait ses soldats ? Ne savait-il pas qu'aussitôt que Clausel, chargé d'obtenir la soumission de Bordeaux, se présenterait, ils l'accueilleraient aux cris de *Vive L'Empereur* (1815) !

La population bordelaise était, il est vrai, bien disposée pour le gouvernement du Roi : une association s'était formée ; un corps de volontaires s'était organisé pour défendre la ville et la duchesse d'Angoulême contre toute agression des partisans de l'Empereur. Dans un entretien qu'eut Decaen avec la princesse, celle-ci lui demanda s'il jugeait possible de se maintenir dans la ville, en profitant de l'empressement des Bordelais, et des bonnes dispositions des troupes qu'on pourrait rallier. Le général s'efforça de convaincre la duchesse, qu'on ne devait pas compter sur l'obéissance des soldats, qui arboreraient les couleurs impériales, dès qu'ils apercevraient un drapeau tricolore. Quant aux royalistes isolés de la garnison, il affirma qu'il croirait manquer à la fidélité qu'il devait à Son Altesse Royale, s'il lui dissimulait qu'on ne pouvait accorder créance à leurs protestations. Ces tristes prévisions ne se réalisèrent que trop : sur quinze cents qui s'étaient fait inscrire, très-peu se présentèrent à l'instant décisif, et Clausel entra à Bordeaux sans coup férir (3 avril).

Cependant il se trouvait là de ces hommes qui avaient déjà fait commettre quelques fautes à la Restauration, et qui, plus tard, l'entraînèrent dans beaucoup d'autres. Ils avaient agi sur l'esprit de la princesse, en interprétant, suivant leurs préjugés, la franchise et la sincérité du général. Ils l'accusaient de tiédeur et d'éloignement pour la cause du Roi; leur fâcheuse influence devait prévaloir. Aussi, quand vint le moment de quitter cette ville, où elle s'était flattée de rencontrer tant de dévouements, l'infortunée princesse remercia Decaen, qui lui proposait de l'accompagner, et qui avait soigneusement pourvu à la sûreté de son départ; elle accorda une funeste préférence à ceux qui l'avaient trompée.

Decaen, aussitôt après sa capitulation avec le général Clausel, se mit en route pour la capitale; mais dans quelle perplexité d'esprit! La nuit même de son arrivée, il fut appelé aux Tuileries, pour rendre, au sujet des événements de Bordeaux, un compte qu'il avait d'abord refusé au ministre, dans la crainte que les motifs de sa conduite ne fussent mal appréciés. « Général, lui dit familièrement l'Empereur, on a eu bien de la peine à vous faire entendre raison à Bordeaux? — Sire, répondit Decaen, j'avais prêté serment au Roi, et j'aurais suivi partout Mme. la duchesse d'Angoulême, si elle me l'eût permis. — Et vous auriez bien fait, reprit Napoléon, en lui serrant la main; je vous en estime davantage; mais il faut maintenant servir votre Empereur avec la même fidélité. » — Pour le déterminer, Napoléon fit appel à son patriotisme tant éprouvé : « Si vous n'y consentez pas pour moi, lui dit-il, que ce soit pour votre pays, auquel vous avez toujours été si dévoué. Les puissances étrangères viennent nous attaquer, et leurs intentions ne vont à rien moins qu'à démembrer la France. » C'étaient là des raisons auxquelles Decaen ne savait pas résister. Ses convictions furent ébranlées comme celles de tant d'autres, qui pensèrent alors que leur premier devoir était de voler au secours de la patrie en danger.

Il obéit donc à l'ordre qu'il reçut, quelques jours après, d'aller se mettre à la tête du corps d'observation des Pyrénées-Orientales, et de prendre le commandement de la neuvième et de la dixième division militaire (29 mai).

Ne semble-t-il pas que Decaen fût voué à toutes les missions difficiles ? A peine arrivé au poste où l'appelait la confiance de l'Empereur, il se vit en butte à la malveillance et aux récriminations des ennemis de Napoléon, qui, dans ces départements, formaient un parti puissant. Ces exaltés portaient au dernier degré les préjugés et l'aveuglement de ceux de Bordeaux, et prétendaient que si Decaen n'avait pas conservé cette ville au Roi, c'était parce qu'il ne l'avait pas voulu. A ces dispositions hostiles succédèrent des actes de violence, quand se fut répandue la nouvelle du désastre de Waterloo. On ameuta contre lui cette populace du midi, qui se signala, à cette époque, par des actes d'une férocité sauvage (1815, 18 juin).

Le devoir d'un commandant n'était-il pas, avant tout, d'éviter que des Français ne périssent par les mains d'autres Français ? Decaen se retira donc dans la citadelle de Toulouse, et y resta jusqu'au moment où la publication des actes du gouvernement provisoire, et l'arrivée du maréchal Perignon lui apprirent que la puissance impériale était tombée pour toujours. Comme il ne pouvait avoir l'idée d'entrer en lutte contre une dynastie pour laquelle se déclaraient les suffrages de la grande majorité des Français, il obtint et proclama l'adhésion de son corps d'armée aux faits accomplis, et annonça sa soumission au ministre de la guerre. Ce ne fut pas sans avoir couru de grands dangers qu'il put revenir à Paris : il eût été infailliblement massacré à Montauban, sans l'intervention du maréchal Pérignon (16 juillet).

Lorsque, dans une révolution, un parti qui croyait avoir conquis pour jamais la suprême puissance, s'en voit dépouillé, puis parvient à la ressaisir, il est bien rare qu'il se montre généreux envers ses adversaires ; car alors les amours-propres, violemment froissés, viennent ajouter leurs implacables ressentiments aux haines, déjà si vindicatives, de l'esprit de parti. Telle se trouva la position des royalistes après la défaite de Waterloo. Triste condition de l'humanité, et surtout de la nation française, de marcher toujours de réaction en réaction, de courir d'un excès à l'autre!

Decaen qui, depuis plusieurs mois, vivait loin des affaires, à Paris, fut arrêté vers la fin d'octobre, et incarcéré dans cette prison de l'Abbaye, qui, déjà, à une autre époque, avait renfermé tant de victimes des fureurs politiques. Et cependant son nom ne figurait sur aucune des listes de proscription alors publiées. Que pouvait-on lui reprocher? D'avoir rendu Bordeaux contre la volonté de la duchesse d'Angoulême, et d'avoir abandonné cette princesse, dès les premières sommations de ses ennemis. A ce premier grief, s'ajoutait celui *d'avoir voulu* résister aux armes du Roi dans la citadelle de Toulouse (1815, octobre).

Si la vérité énoncée par l'orateur romain (*), que *les préjugés anéantissent les lumières de la raison*, avait eu besoin de confirmation, le fait qui nous occupe, eût pu y servir de preuve : ne fallait-il pas que l'on se trouvât dans une de ces étranges circonstances, où les lois de la morale sont perverties, pour qu'on vît, dans la conduite de Decaen, matière à une accusation capitale ?

On ne pouvait encore prévoir d'issue prochaine à cette injuste poursuite, lorsque Madame Decaen, femme aussi remarquable par son grand caractère que distinguée par son esprit (12), suggéra l'idée d'en appeler aux souvenirs de la princesse qu'on prétendait avoir été trahie. Cet avis devint le salut du noble prisonnier.

La déposition de la duchesse d'Angoulême ne pouvait qu'être favorable : le Roi reconnut lui-même que la procédure ne reposait sur aucune base solide, puisque le seul chef d'accusation sérieux, celui d'avoir trahi la cause des Bourbons à Bordeaux, se trouvait détruit.

Enfin parut une ordonnance de non-lieu, prescrivant la mise en liberté de l'accusé, et déclarant que les faits qui lui étaient imputés, se trouvaient compris dans l'amnistie du 12 janvier 1816 : vérité que l'on reconnaissait un peu tard! On sortait ainsi d'une monstrueuse injustice par un faux-fuyant (1817, 23 février).

Depuis lors, Decaen vécut loin du monde et des affaires publiques, bornant sa société au cercle restreint d'un petit nombre d'amis. Sa vie privée fut celle d'un sage qui ne regrette rien. Après avoir commandé les

---

(*) *Præjudicata opinio judicium delet.* Cicéron.

armées, après avoir occupé dans l'Inde cette place éminente, où sa fortune eût été aussi facile que légitime, il était revenu pauvre dans ses foyers. Mis prématurément à la retraite par les ministres de la Restauration, il se vit cependant, comme autrefois Sully, consulté par ce gouvernement, qui peut-être ne l'aimait pas, mais qui ne pouvait lui refuser son estime. Dans une circonstance où il s'agissait de solder des dépenses faites précédemment dans nos colonies, les pièces à l'appui manquant, on paya sur sa parole, et d'après les notes produites par lui : tant était grande la confiance qu'on avait en sa moralité ! Que de fois encore, mais toujours sans morgue et sans orgueil, il aida de ses lumières et de ses conseils des hommes placés aux premiers rangs dans nos administrations !

Estimé pour son austère probité, il se faisait chérir de tous ceux qui le fréquentaient, par sa bonté, par l'égalité de son humeur douce et enjouée. Sans inquiétude pour lui-même, s'il en éprouvait pour les siens, sans doute il savait la renfermer au fond de son âme; car on le vit toujours exempt d'une tristesse que rien ne pouvait lui inspirer, quand ses souvenirs se reportaient sur sa vie passée. On l'aimait simple particulier, comme on l'avait honoré dans les dignités. Loin d'avoir conservé aucun ressouvenir de l'ingratitude et des injustices dont il avait ressenti les tristes effets, il était indulgent dans ses jugements, et cette bienveillance ajoutait au charme de son entretien.

Plus d'une fois on tenta, mais en vain, de le faire sortir de l'obscurité dans laquelle il s'était renfermé. Sous le règne de Charles X, la députation de l'arrondissement de Caen lui fut offerte (1827). Il remercia les électeurs qui voulaient porter sur lui leurs suffrages ; mais, qui le croirait ? celui qui avait fait tant de grandes choses, ne payait pas l'impôt nécessaire pour représenter sa ville natale dans nos assemblées délibérantes : son revenu en biens-fonds ne s'élevait pas à 800 francs, et il fallut que la révolution de 1830 vînt abaisser le cens pour qu'il devînt électeur : alors seulement il put être appelé à présider l'un des colléges de Paris (*).

Nous avons pu visiter, à Ermont, dans la vallée de Montmorency, la modeste demeure, où il passa, dans une paisible solitude, treize années de sa vie, les plus heureuses peut-être pour un homme de son caractère. Dans un enclos de peu d'étendue, planté d'arbres fort touffus, et qui lui rappelaient sans doute les frais ombrages qu'a célébrés l'auteur des *Etudes de la nature*, s'élève, non pas un château, mais une simple maison de campagne. Là, non loin des lieux où, dans un autre siècle, Catinat se reposait aussi des travaux de la guerre, combien de fois il dut réfléchir, et sur le néant de la gloire humaine, et sur les vicissitudes de tant de fortunes diverses qu'il avait éprouvées !

Nous avons reçu, d'un de ses vieux serviteurs, le touchant témoignage de l'affection sincère qu'éprouvaient bientôt pour lui ceux qui l'approchaient : témoignage précieux, confirmé par tous ses amis. L'aménité de ses mœurs, une sérénité d'âme que

---

(*) M. Charles Dupin, à la Chambre des députés, séance du 27 janvier 1834.

n'avaient pu altérer les traverses de sa vie, inspiraient d'abord l'estime et le respect, puis le plus profond attachement. Son souvenir n'est pas près de s'éteindre dans cette vallée de Montmorency, dont tous les habitants le vénéraient.

La Révolution de 1830 vint le tirer de la retraite où il s'était plu à vivre depuis ses malheurs, et le gouvernement de Juillet voulant profiter de ses lumières et de son expérience, lui confia la présidence de la commission instituée pour examiner les droits des officiers de l'armée impériale à de nouveaux emplois. Ce fut sans doute un avantage, pour ces braves disgraciés, d'avoir à produire leurs titres devant un homme aussi impartial que ferme et conciliant (1830).

Il fut également appelé à présider la commission de législation coloniale. De quels secours ne durent pas être ses profondes connaissances sur ce sujet, pour établir les nouvelles dispositions législatives, toujours si difficiles à déterminer, quand il s'agit des colonies (1831) !

En acceptant cette double mission, où il pouvait puissamment aider à l'administration de son pays, Decaen ne sortait pas de son caractère : ces fonctions étaient purement honorifiques.

Les nouveaux services que Decaen semblait appelé à rendre à sa patrie, devaient être bientôt terminés. Du fond de l'Asie s'avançait un fléau dont la marche capricieuse, la soudaine apparition, et les ravages, aussi destructeurs qu'inopinés, mettaient en défaut les théories de la science et les procédés ordinaires de l'art. Sa fureur parut s'acharner, dans notre belle France, sur d'illustres victimes, et Decaen fut au nombre de ces morts, dont la perte sera long-temps sentie (1832).

Quand il tomba, comme foudroyé par une de ces attaques de choléra-morbus, qui, en quelques minutes, faisaient, d'un corps robuste et plein de vie, un noir et livide cadavre, les habitants le rapportèrent eux-mêmes dans cette demeure que nous avons décrite; il en était sorti, quelques instants auparavant pour se rendre à une fête; il n'y devait plus rentrer que pour aller au tombeau (3 septembre).

L'affection qu'on lui portait, se manifesta dans ces moments suprêmes où l'homme ne peut plus inspirer à l'homme ni espoir, ni crainte. Outre un nombreux cortége d'amis, la garde nationale de la vallée de Montmorency voulut l'accompagner, tout entière, à son dernier asile, et, par son attitude calme et respectueuse, offrit à sa mémoire un éclatant hommage. Ce fut là toute la pompe de ses funérailles : pompe vraiment digne de lui, par sa noble simplicité !

Hâtons-nous d'ajouter qu'à sa mort, il ne laissait pas de quoi payer les frais de ses obsèques, et que l'Etat dut y subvenir (*) : comme si celui, dont toute la vie avait rappelé celle des Aristide, des Fabricius et des Cincinnatus, devait présenter encore ce trait de ressemblance avec ces grands hommes, éternel honneur de l'antiquité !

(*) M. le maréchal Soult, à la Chambre des députés, le 27 mai 1833.

Nous n'avons pu contempler sans un religieux attendrissement, dans le cimetière d'Ermont, parmi les sépultures de villageois ignorés, cette pierre dépourvue d'ornements, sous laquelle reposent ses restes, et dont l'inscription, aussi simple que modeste, rappelle, en quelques mots, le nom et les titres d'un homme qui fut l'une des gloires du pays.

Si nous mettons Decaen en parallèle avec les premiers officiers-généraux de l'époque, son nom occupe une place honorable à côté de ceux de Jourdan, de Desaix, de Gouvion-St.-Cyr, de Kléber, de Drouot. Il fût l'égal de ces grands hommes, par ses talents militaires et ses vertus civiques; il surpassa la plupart d'entre eux par ses connaissances et son habileté en administration. Nous le reconnaissons avec plaisir : si c'était une entreprise difficile que de célébrer le mérite et les vertus d'un tel homme, c'était aussi un grand encouragement, et comme une bonne fortune, que celui qui est l'objet de nos éloges, ait réuni trois genres de supériorité qu'il est si rare de rencontrer ensemble : un grand génie militaire, une vaste capacité administrative et des vertus civiques du premier ordre (*). On peut dire de lui le contraire de ce qu'on a dit de Thémistocle : il aima la gloire, mais il aima sa patrie encore plus que la gloire.

Si nous recherchons quel est celui des capitaines de l'ancienne armée auquel il peut être comparé, nous trouverons une intéressante conformité entre sa destinée et celle du brave Chevert. Issus tous les deux de

---

(*) M. Ch. Dupin, à la Chambre des députés, 27 janvier 1834.

parents pauvres, orphelins dès leur enfance, ils s'élevèrent l'un et l'autre aux premiers honneurs parmi les défenseurs de la patrie. Si l'un eut à vaincre d'absurdes et ridicules préjugés de naissance, l'autre eut à surmonter des obstacles et des difficultés sans nombre. Sortis des rangs du peuple, *sans aïeux, sans fortune, sans appui, chaque grade fut, pour eux, le prix d'une action d'éclat.* Les circonstances les ayant frustrés également de la première des dignités militaires, on peut appliquer à Decaen ce qu'on a dit du héros de Verdun : *Le seul titre de maréchal de France a manqué, non à sa gloire, mais à l'exemple de ceux qui le prendront pour modèle* (*).

Nous avons raconté, après l'avoir profondément méditée, la vie d'un capitaine dont on a dit, qu'il n'est pas une ville qui ne fût fière de lui avoir donné le jour. Et cependant rien ne rappelle encore le souvenir de Decaen dans les murs qui l'ont vu naître. Assurément, la cité qu'il a illustrée, comptait déjà un grand nombre d'hommes célèbres ; mais en est-il un qui, après avoir traversé, en y jouant un rôle important, la plus terrible des révolutions, ait laissé une mémoire plus pure ? Est-il un reproche que l'on puisse justement adresser à cette glorieuse existence ? Et, lorsque Avranches a éternisé, par le bronze, les traits de l'intrépide Walhubert, mort avec tant de dévouement dans les champs d'Austerlitz, sera-t-il dit que la seconde ville de Normandie ne consacrera

---

(*) On a cru pouvoir reproduire ici quelques idées simples et touchantes, exprimées dans l'inscription tumulaire de Chevert.

pas un monument à celui de ses enfants qui l'a le plus honorée ? Sans doute, il n'en saurait être ainsi, et ce concours, ouvert par une Académie animée de sentiments vraiment patriotiques, ne sera que le premier des honneurs décernés au brave et vertueux Decaen. Puissent au moins nos éloges n'être pas trop indignes de celui qui en a été l'objet ! Et, s'il est vrai que nous ne pouvons rien pour la gloire des grands hommes, et que leurs actions seules les louent, nous aurons, pour excuser notre témérité à entreprendre une tâche trop au-dessus de nos forces, les encouragements du vénérable citoyen qui a provoqué cette lutte pacifique (*). Nous nous fussions cru coupable de rester sourd à cet appel d'une voix amie. Et qui ne se sentirait rempli du désir de s'honorer soi-même, en travaillant à honorer son pays, quand on voit le respectable doyen de nos sociétés littéraires et scientifiques consacrer sa vie entière à propager tout ce qui peut servir les grands intérêts moraux de la patrie, à exciter une noble émulation parmi la génération contemporaine, en lui remettant sous les yeux les beaux exemples que nous ont légués les générations passées ?

(1) M. Lair, qui a fait les frais du prix proposé.

NOTES ET PIÈCES JUSTIFICATIVES.

(1) De la vérification que nous avons faite sur les registres de l'état civil, il résulte que Decaen est bien certainement né à Caen, sur la paroisse St.-Nicolas, dans une maison qui appartenait à son père, et qui est aujourd'hui la propriété de sa sœur, rue Caponière, 16. Il était fils de Jean-Marie-Michel Decaen, huissier au bailliage, mort à 41 ans, et de Marie-Anne Bouchard.

On ne comprend pas comment la biographie *Michaud* et celle des *Contemporains*, qui, en cela, a copié la première, ont pu faire naître le général Decaen au bourg de Creully, à 16 kilomètres de Caen, et le dire fils d'un aubergiste ; car, à l'époque où ces notices biographiques ont été écrites, il existait, et il existe encore, soit dans la ville de Caen, soit ailleurs, plusieurs membres de la famille de Decaen.

(2) ETAT DES SERVICES DU GÉNÉRAL DECAEN :
Par ordre de son Excellence le Ministre de la guerre,
Le secrétaire-général du ministère certifie à tous qu'il appartiendra, que les services et campagnes de M. le lieutenant-général Charles-Mathieu-Isidore Decaen, né à Caen (Calvados), le 13 avril 1769, sont constatés sur les contrôles de la manière suivante :

Canonnier de deuxième classe dans le corps royal des canonniers matelots, depuis le 27 juillet 1787, jusqu'au 1er. juillet 1790.

Sergent-major au 4e. bataillon du Calvados, le 14 septembre 1792. — Adjudant sous-officier, le 26 mars 1793. —

Sous-lieutenant provisoire, le 1er. mai 1793.—Capitaine provisoire, le 25 juin 1793. - Adjudant-général, chef de bataillon provisoire, le 6 frimaire an II.—Adjudant-général chef de brigade, le 26 fructidor an III.—Général de brigade, le 15 thermidor an IV.—Destitué par arrêt du 4 ventôse an VI.—Réintégré le 6 germinal an VI.—Lieutenant-général provisoire, le 26 floréal an VIII ; —confirmé dans ce grade le 19 thermidor an VIII.

Campagnes.

De 1792 à l'an IX, aux armées du Nord, de l'Ouest et sur le Rhin.—Nommé capitaine-général des Etablissements français, le 29 prairial an X, est passé entièrement au département de la marine, le 19 fructidor an XI ; a fait les campagnes des ans X, XI, XII. XIII, XIV, 1806, 1807, 1808, 1809, 1810 et partie de 1811 à l'Ile-de-France ; est débarqué à Morlaix le 16 avril 1811 ; mis à la disposition du ministre de la guerre à compter du même jour ; nommé commandant en chef de l'armée de Catalogne, et gouverneur général de cette province en octobre 1811 ; commandant en chef de l'armée de Hollande, le 2 décembre 1813 ; commandant en chef de l'armée de la Gironde, le 25 mars 1814 ; gouverneur de la 11e. division militaire, le 25 juin de la même année ; commandant en chef de l'armée des Pyrénées-Orientales, et de la 9e. et de la 10e. division militaire, le 29 mai 1815.

En foi de quoi, il a délivré le présent certificat, pour servir et valoir ce que de raison.

Fait, à Paris, le 24 octobre 1817.

Signé : Cassaing.

Certifié véritable par le directeur du personnel,
Signé : Gentil de St.-Alphonse.

Je certifie le présent conforme à l'original,

Le lieutenant-général,
Cte. Decaen.

N. B. Cet état, tel qu'il fut délivré dans les bureaux de la guerre, se trouvait incomplet ; il a été complété par les additions que le général y a faites de sa propre main. On sait que la Restauration ne voulait pas reconnaître les services rendus pendant les Cent-Jours.

(3) Voici le début de cette lettre, toute d'amitié, que nous avons trouvée dans la correspondance de Decaen.

« Patrie !

« Lazare Hoche, général en chef, à Decaen, adjudant-général.

« Pars, mon cher Decaen, va à un poste honorable et sers bien ta patrie.... »

A cette lettre, qui témoigne de l'estime que le général en chef des armées de l'Ouest faisait de son subordonné, nous avons cru devoir joindre une attestation des services de Decaen, jusqu'à son retour à l'armée de Rhin et Moselle. Elle lui fut délivrée par Kléber, duquel il était plus particulièrement connu.

« Liberté, égalité, etc.

« La Gravelle, ce 15 floréal an II de la République une et indivisible.

« Le général divisionnaire, soussigné, certifie à tous qu'il appartiendra, que le citoyen Decaen, adjudant-général, a servi sous ses ordres avant et pendant le siége de Mayence, et, depuis, dans la Vendée et départements circonvoisins ; que, partout, il a donné des preuves non équivoques de la valeur la plus grande, de l'intelligence la plus rare ; que, voulant lui donner un témoignage de l'estime et de la confiance qu'inspirent toujours les vertus et les talents, il s'empresse de lui délivrer le présent, pour lui servir ce que de droit. »   Kléber.

(4) Paris, 2 vendémiaire an V (23 septembre 1796).

« L'affaire d'Ingolstadt a été pour vous, citoyen général, une nouvelle occasion de mériter les éloges du Directoire exécutif; redoublez d'efforts pour contribuer à affermir les succès de cette campagne, et pour ajouter encore aux services que vous avez rendus à la République. »

Signé : CARNOT, REWBELL et RÉVEILLÈRE-LÉPAUX.

(5) « Armée de Rhin et Moselle.

« Au quartier général, à Schillifen, le 20 brumaire an V de la République française.

« Le général en chef, au général de brigade Decaen.

« Le Directoire exécutif, citoyen général, reconnaissant des services que vous avez rendus à la République, m'a chargé de vous remettre un sabre, comme un témoignage éclatant du courage et des talents dont vous avez donné tant de preuves dans cette campagne.

« Recevez mes sincères félicitations pour une distinction aussi méritée. Je ne doute pas que vous ne vous empressiez de saisir les occasions qui vont se présenter, de rendre à votre pays de nouveaux services.

« Salut et fraternité, MOREAU. »

(6) « Armée d'Angleterre.

« Au quartier général, à Paris, le 14 pluviôse an VI.

« Le général commandant en chef l'armée d'Angleterre, au général Decaen.

« Soyez sûr, mon cher Decaen, que je n'oublie pas les bons officiers, qui, comme vous, ont très-utilement et glorieusement servi. Je sais qu'on est trop heureux de les avoir près de soi. Ainsi tenez-vous pour averti que vous êtes décidément de l'armée d'Angleterre ; mais je vous annonce en même temps que Kléber, qui est aussi des nôtres, fait tout pour vous avoir, etc. DESAIX. »

(7) Voici la lettre par laquelle le Ministre de la guerre répondait à la demande que Decaen lui avait adressée pour comparaître devant un Conseil de guerre.

Liberté.   *Egalité.*

« Paris, le 18 germinal an VI de la République française, une et indivisible.

« Le Ministre de la guerre, au général Decaen.

« Vous me marquez, citoyen général, par votre lettre en date du 12 de ce mois, que l'arrêté du Directoire exécutif, du 6 germinal, ne peut vous concerner, attendu que vous n'avez présenté aucune pétition tendant à obtenir votre réintégration, et que vous n'avez jamais commis d'exaction ni perçu illégalement aucune somme.

« Vous m'*invitez au surplus à faire examiner votre conduite par un conseil de guerre.*

« Je vous observe (*sic*), citoyen général, que le Directoire exécutif, *en vous réintégrant, a suffisamment déclaré que vous étiez innocent.*

« D'après cette détermination, vous sentez, citoyen général, qu'*un conseil de guerre devient absolument inutile pour votre justification* (*).

« Salut et fraternité,   Schérer. »

(8) Decaen a laissé des Mémoires inédits et fort intéressants, s'il nous est permis d'en juger par les quelques passages qui nous ont été communiqués ; ils sont écrits d'un style simple, mais pleins de faits, et attachants par l'esprit de droiture et de sincérité qui y règne ; ils donnent l'idée la plus avantageuse de son estimable caractère, et fourniraient de précieux matériaux pour l'histoire.

(9) Pour donner une idée de l'état où se trouvaient nos colonies orientales lors de l'arrivée de Decaen, nous reproduirons ici, presque textuellement, un rapport de l'ordonnateur général des îles de France et de Bourbon.

(*) Ces passages sont également soulignés dans l'original.

30 thermidor an XI.

..... « La misère y est au comble; depuis deux ans, les employés ne touchent pas d'appointements. Il a obtenu des fournitures, en profitant de la confiance que l'on a dans le premier Consul et dans la paix, et en faisant promesse qu'il serait envoyé des secours et de l'argent; rien n'est arrivé, malgré les demandes réitérées qu'il a adressées au ministre; mais ses garanties deviennent insuffisantes; ses inquiétudes sont au comble, non-seulement pour la solde et l'entretien, qui n'ont plus lieu depuis long-temps, mais pour la subsistance de 750 militaires, des marins et des gardiens.

« Les salaisons sont sur le point de manquer. Point de viande fraîche; les bêtes à cornes sont épuisées dans la colonie: on a bien de la peine à fournir aux besoins de l'hôpital seulement. Il est dû 30,000 francs à l'entrepreneur de la boulangerie; 14,000 francs à celui de la boucherie; il n'y a ni blé, ni biscuit, ni maïs en magasin; il ne reste qu'une faible quantité de riz et une cinquantaine de barriques de vin. Les ateliers sont sans matières premières; il y a dénûment complet en tout genre. Point de revenus; l'assemblée coloniale met, chaque mois, à sa disposition environ 5,000 piastres (27,500 fr.), qui servent à donner des à-compte.... »

Signé: CHANVALLON.
Contre-signé: DECAEN.

(10) L'ensemble des actes administratifs et législatifs, désigné sous le nom de *Code Decaen*, se trouve au dépôt de la marine, à Paris. Il fait partie d'une collection plus considérable, intitulée: *Recueil complet des lois et réglements de l'île Maurice;* il en forme la 4e. et la 5e. partie. Ce recueil, de format petit in-4°, est sans nom d'imprimeur ni de lieu d'impression, et ne porte d'autres dates que celles des lois et des réglements.

(11) Le 28 vendémiaire an XIV (20 octobre 1805), acte de naissance de Gustave-Hippolyte-Emilien-Ile-de-France, né au Port-Nord-Ouest, le 27 vendémiaire présente année, etc.

Ce fils aîné du général Decaen, devenu un jeune homme de grande espérance, est mort, en 1835, à Paris, des suites d'une chute de cheval.

Son second fils, le seul héritier de son nom, M. Camille-Maximilien-Eugène-Léonidas Decaen, né au château du Réduit, quartier de Moka, Ile-de-France, a servi, comme officier de cavalerie, en Afrique et au siége d'Anvers. Il vit actuellement retiré du service.

Le frère du général, René Decaen, capitaine de frégate, homme d'un caractère entreprenant jusqu'à l'audace, brave jusqu'à la témérité, est mort en 1822.

(12) « Quand un homme a été huit ans gouverneur des plus riches contrées de l'Orient, et qu'à la fin de son administration il est demeuré pauvre, c'est à lui certainement qu'en revient le premier honneur ; mais si, au lieu d'une femme vertueuse, comme celles des Caton et des Fabricius, il avait eu pour épouse une femme prodigue, fastueuse, insatiable, qui l'eût poussé sans cesse à la folie des dépenses et aux moyens, quels qu'ils fussent, d'y pourvoir, certes ! cette tentation de tous les jours eût ébranlé son admirable désintéressement. Eh bien ! MM., il faut honorer le caractère d'une femme qui a contribué à la vertu du grand citoyen ; on a tort de dire qu'il n'y a rien à faire pour la veuve d'un homme à qui la France doit tant de glorieux services. » (M. Ch. Dupin, à la Chambre des députés, le 27 janvier 1834.)

N. B. L'auteur a pris ses renseignements :
1°. *Au Ministère de la marine ;*
2°. *Au Dépôt de la marine ;*
3°. *Au Dépôt de la guerre ;*
4°. *Auprès de la famille et des amis du général ;*
5°. *Dans deux notices imprimées :* l'une faisant partie des FASTES DE LA LÉGION-D'HONNEUR ; *l'autre, de* L'ARC DE TRIOMPHE DE L'ETOILE ;
6°. *Dans le* DICTIONNAIRE DES BATAILLES.

www.ingramcontent.com/pod-product-compliance
Lightning Source LLC
LaVergne TN
LVHW050632090426
835512LV00007B/813